ざっくり
わかる

8コマ
行動経済学

著者 橋本之克 まんが まずりん

朝日新聞出版

行動経済学とは何か？

行動経済学は20世紀中ごろから発達した、経済学の中でも比較的新しい学問です。

それまでの伝統的な経済学では「人間は合理的であり、常に自分の利益を最大化するよう自分をコントロールして最適な行動を取る」ことが前提とされていました。ところが実際は自分だけでなく周囲や社会のために行動することがあります。また、やるべきことをせずに不合理な行動を取ることもあります。典型的な例は「ダイエット」です。食べなければやせられるとわかっていても我慢できずに食べてしまう。そんな経験をした人は多いでしょう。こうした不合理な行動や、その原因となる思考の偏りなどについて明らかにするのが行動経済学です。

ただし人間は意識して不合理な行動を取るわけではありません。無意識のうちに行動してしまうのです。それが非常にやっかいな問題です。

限定商品を見つけると買ってしまうことがありますよね。「今買わないとチャンスを逃す」と思っていませんか？「自分へのごほ

ぼくは財布の妖精さ。
行動経済学を知ると、
自分の行動の
理由がわかるんだ。
毎日の暮らしが
変わるかもね！

うび」という「理由」があると自分に言い聞かせて、買いすぎや食べすぎの経験をした人がいるかもしれません。あいまいな理由付けであっても、それで罪の意識がなくなることを知っていますか？自分と周囲を比べてうらやんでしまう人は、幸せの基準を必要以上に高く設定していませんか？

行動経済学を知れば、こうした不合理な行動を避けられます。お金の使い方、時間の過ごし方、人間関係の作り方などを変えることができるのです。本書はこの知恵をマンガとともにわかりやすく解説しました。ぜひ行動経済学という知恵を身につけて、より良い暮らしを実現してください。

橋本之克

自己紹介しておくと、
WEBデザイン関係で働く
アラサーOLっス。
毎月カツカツの生活を
なんとかしたいんだけど、
変わるかねえ…？

一目でわかる行動経済学

伝統的な経済学は、

「常に合理的な人間」を前提

として考えられている。
そうした人間像を「ホモ・エコノミカス」と呼ぶ。

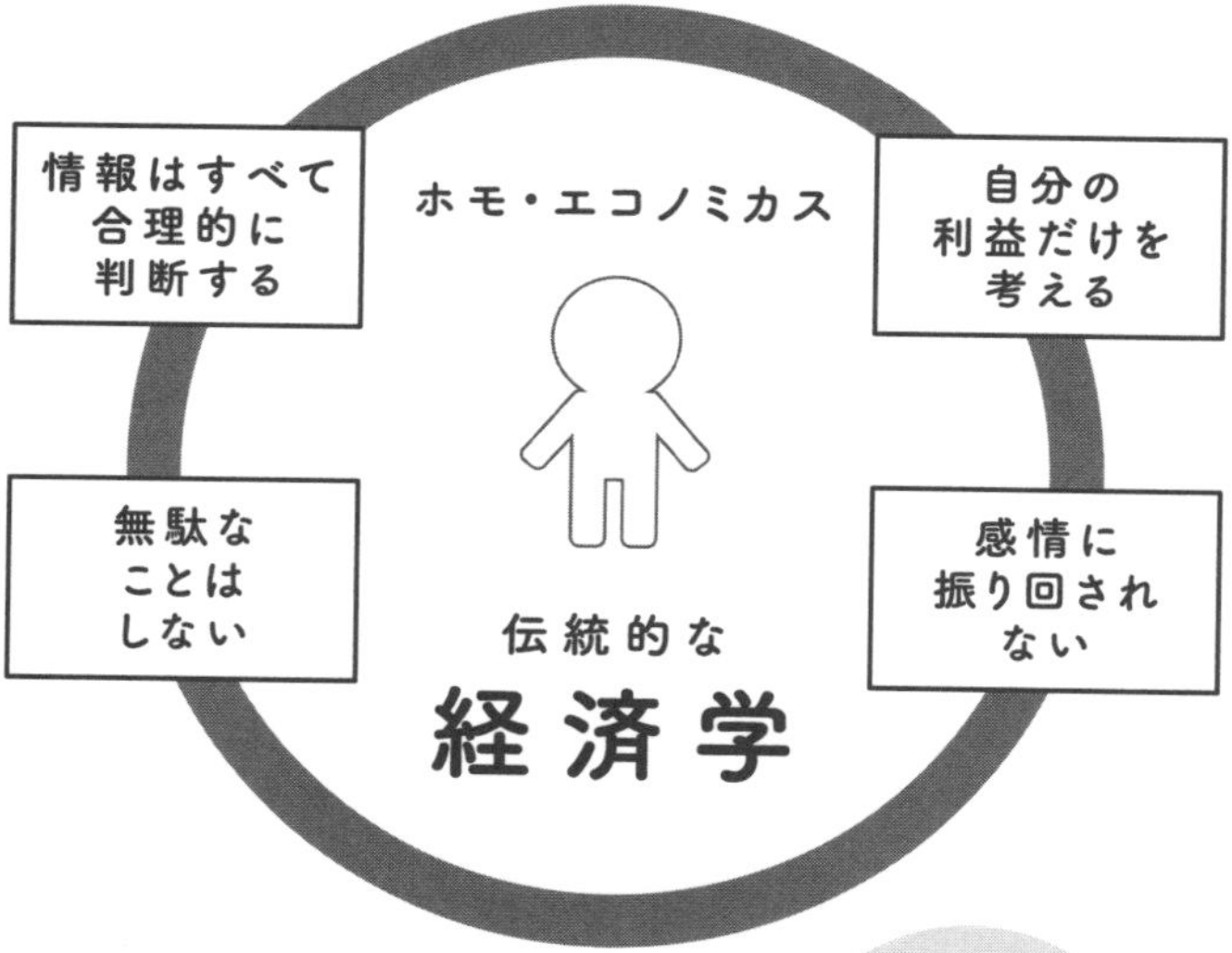
ホモ・エコノミカス
情報はすべて
合理的に
判断する
自分の
利益だけを
考える
無駄な
ことは
しない
感情に
振り回され
ない
伝統的な
経済学

なんか
しっくりこない
にゃ～
でも、
実際の人間は
無駄な買い物をしたり、
人のために動いたりも
するにゃ～

そこで、「経済学」に「心理学」の知見を加え、

「普通の人間」を前提

として考える「行動経済学」が生まれた。

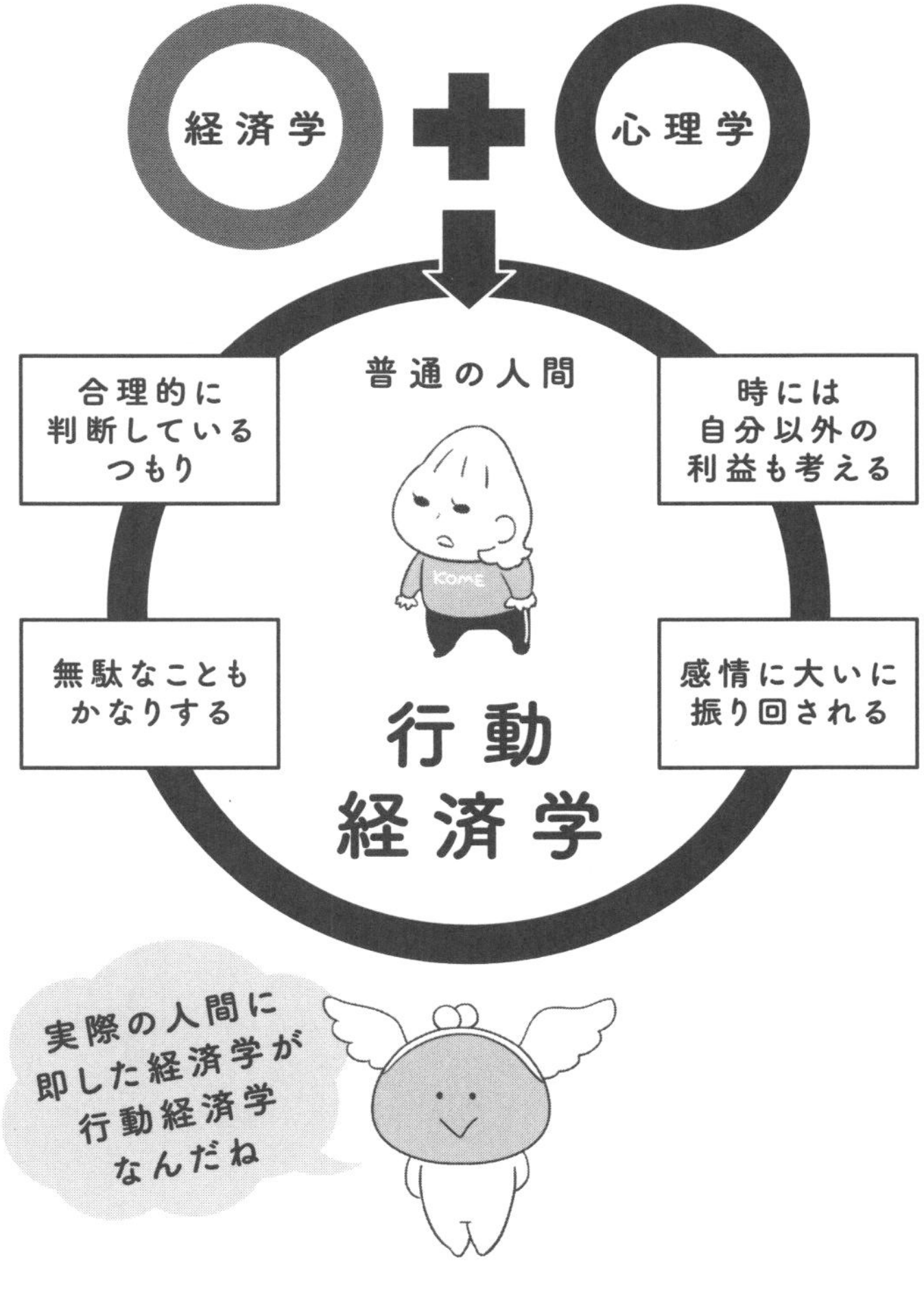
経済学
心理学
普通の人間
合理的に判断しているつもり
時には自分以外の利益も考える
KOME
無駄なこともかなりする
感情に大いに振り回される
行動経済学
実際の人間に即した経済学が行動経済学なんだね

第3章 損しないための行動経済学

第4章 毎日の暮らしの行動経済学

第5章 ここにもあった行動経済学

第1章

人の感情と行動経済学

人間の経済行動は、
感情によって動いて
いることを知ろう

第1章

人の感情と行動経済学

プラスマイナスゼロなのにくやしいのは？

ツイてないぜ

ちっ
外したぜ
第3レースで5千円勝ったのに
最終で5千円スっちまった
5000
5000
あ〜ツイてねーなあ
んなこたぁないだろ
金額のプラスマイナスはゼロだろ
そうだけどよ…
なんか損した気持ちになるんだよな

損失回避

人は損する悲しみを大きく感じるため、無意識に損を避けようとする。

人ってさあ…
得
ズン…
損
得の喜びより損の悲しみを大きく感じるって聞いたぞ
だからこんなにくやしいのか…
じゃあよ…
他人の得した話は聞きたくないけど他人が損した話はめっちゃ聞きたいし愉しいだろ
あれは…
なんでなんだぜ？
性格が悪い

そうなんです。人は得をすることよりも、損をすることを極端に嫌う傾向があります。それを「損失回避」といいます。

人は得をするより、損をしたくない

得した喜びと損した悲しみの比較

誰でも1万円もらえれば喜びを感じます。逆に1万円なくしたら悲しく思うのが普通です。得したお金と損したお金の額が同じなら、喜びと悲しみは同じくらいだと思うかもしれません。しかし行動経済学の研究によって、同じでないことが明らかにされています。**人は損することによる悲しみを強く感じすぎてしまい、損することを避けようとします。**この心理が「損失回避」です。その後の実験から、**損する悲しみは、得する喜びの2倍以上であることもわかっています。**

損や得による自分の感情を理解しよう

この心理は普段の暮らしにも影響があります。例えば、日本では最近、投資による資産形成をすすめようとする動きがあります。「NISA（ニーサ：少額投資非課税制度）」のような、株式や投資信託で手に入れた利益にかかる税金が安くなる制度も充実してきました。将来の生活や夢の実現のために、

資産づくりを考えることは大切かもしれません。ただし投資は必ずしも元のお金が増え続けるとは限りません。得することもあれば損することもあります。

ここで仮に1万円を投資したとします。翌日に、1000円プラスで1万1000円になったならば喜びを感じるでしょう。でもその翌日に、1000円マイナスで1万円になったとしたら、悲しみを感じるはずです。この期間において金額のプラスマイナスはゼロです。得した喜びと損した悲しみを一度ずつ味わいます。ただし、この感情はプラスマイナスゼロにはなりません。同じ損得でも悲しみが喜びを上回るため、悲しみのほうが多く残るのです。このような変動が続くことによって、自分でも気づかないうちにストレスは溜まっていきます。その結果、投資自体をやめてしまう人もいます。

投資に限らず「損失回避」が働くと人の心は揺れ動きます。目の前の損や悲しみを嫌がって、長期的には大きな損をしてしまうこともあります。損や得と自分自身の感情について理解することは大切なのです。

今回のまとめ

損する悲しみは、得する喜びの2倍以上。

お寿司はどのコースを選ぶ？

お寿司屋さんで

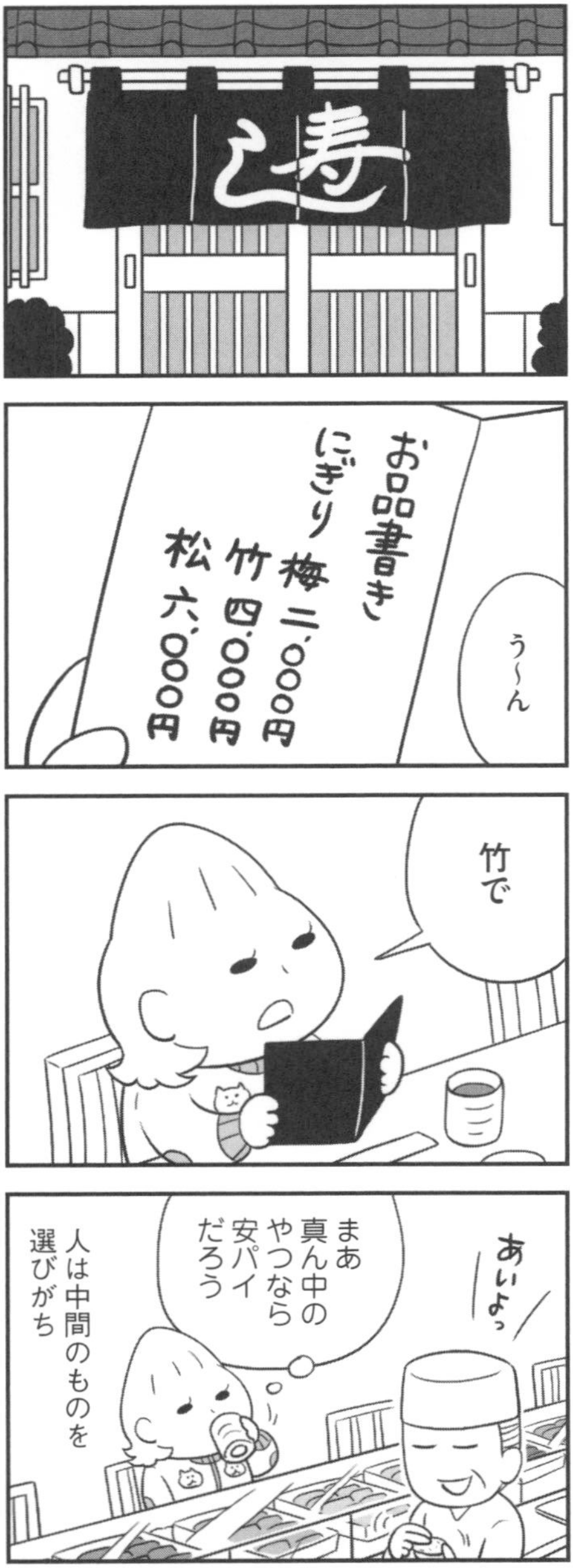
寿
お品書き
にぎり 梅 二,000円
竹 四,000円
松 六,000円
う～ん
竹で
あいよっ
まあ真ん中のやつなら安パイだろう
人は中間のものを選びがち

極端回避性

極端な選択をしないことで、大きな失敗を避けようとする。

自分の財布なら、損しないよう慎重に真ん中を選びます。でも他人の財布だと、平気で大胆な判断をするものなのです。

いや～
おつかれ！
今日は好きなもの頼んでくれ！
ホラ遠慮しないで…
松で
松で
即決だね…
あっ 松より上のコースある？
じゃソレで
他人の金ならさもあらず

なぜお寿司の竹を選んでしまうのか？

コスパを考えると思い悩む

人は「コスパ」が大好きです。これはコストパフォーマンス（cost performance）の略語で、「費用対効果」とも言われます。支払った費用（コスト）と、それにより得られた効果（パフォーマンス）を比較したものので、低い費用で高い効果が得られると「コスパが高い」と表現されます。この考え方に基づき、購入の際には値段の割に質が高い、味が良い、性能に優れるものを選ぼうとします。しかし、値段や質が高い商品から低い商品まで幅があると、どれを選べばよいのか迷ってしまいます。値段が高い商品を買ったのに見合う満足が得られず「高値づかみ」に終わるのではないか？　安い商品を買ったのに、その質が悪くて「安物買いの銭失い」になってしまうのではないか？　と思い悩むのです。

しかし**選択肢が三つだった場合は**どうでしょう。**多くの人は悩まずに真ん中を選びます。中間を選ぶと不安な気持ちが軽くなるためです。**これは「極端回避性」の心理によるものです。人は極端な選択を避ければ、値段が高すぎる、質が悪すぎるなどの失敗はないだろうと思い込むのです。お寿司の松竹梅の中で中間の竹が選ばれることが多いのも、この影響です。

アメリカの行動経済学者エイモス・トベルスキーは「極端回避性」に関する実験を行っています。まず「価格も機能も低いカメラ」と「価格も機能も中程度のカメラ」を比較させて、どちらを選ぶか質問します。すると、回答は半々でした。次の調査で「価格も機能も高いカメラ」を選択肢に加えて、三つのどれを選ぶか聞くと半数以上が中間を選んだのです。このように中間の選択肢があると、人は判断を変えてしまいます。

しかし極端さを避けた選択が正しいと感じるのは、人の思い込みにすぎません。真ん中が高コスパとは限らないのです。売り手の側がこの心理を知って、あえて中間の商品の利益が高くなるよう調整することもあります。皆さんの周りの小売店や飲食店にも三択は多く見られることでしょう。ぜひ、真ん中以外もよく検討してから選んでください。

今回のまとめ

人は三つの選択肢の中間を選びがちだが、そこが高コスパとは限らない。

第1章
人の感情と行動経済学

買い物で買いすぎてしまうのは？

おなかへってたから

うわ 母ちゃん買いすぎじゃねーか？
どっさり…
KOME
おなかへってたからかねえ
あっコレもアレも
ついアレやコレや買い込んじまった
わかるぜ… ハラへってる時に買い物すると なぜか買い物カゴに詰め込んじゃうよな
KOME
母ちゃん次からどんぶりめしかっこんでいきな
にしても買いすぎだぜ
テヘペロはいいからよ

投影バイアス

今現在の状況や感情が、将来も変化せずに続くと思い込む。

冷蔵庫に入んのかコレ
よくこんなに袋に入ったな
必要かな～って思って
米
CUP MEN
CUP MEN
食料品以外もたくさん買ってんな
どこのスーパーに行ったんだよ母ちゃん
なんか必要かな～って
セメント
…誰だこいつ
さすがにいらねーだろこんな謎紳士
おつとめ品だったからねえ
本人の前で言うなよ涙目になってんだろ
大丈夫 お前はまだこれからだよ
半額

「本当に必要？」「いつ必要？」「どれだけ必要？」……。その時に投影された幻に惑わされないように、よく考えて買わないとね。

空腹だと食べ物以外も買いすぎる

今時点の状態がずっと続く？

人が何かを考えたり、判断したりする時に生まれる「偏り」や「ゆがみ」をバイアスと言います。例えばおなかが空いた状態でスーパーに行って、食材を買いすぎたことはありませんか？　これは「投影バイアス」が原因です。このバイアスは、**人が今時点の自分の状態、感情や好みなどが長く続くと思い込んでしまうものです。買い物をしながら空腹を感じると、その状態がずっと続くかも？　と無意識に思い込んでしまいます。**そして気づいたら必要以上にたくさん、買い物かごに詰め込んでしまうのです。

米国ミネソタ大学では、空腹時の買い物についてさまざまな実験が行われました。そこから「おなかが空いていると食べ物以外の物でも買いすぎてしまう」ことがわかりました。クリップのような雑貨から大型デパートでの買い物まで、空腹だと多く買ってしまうことが実験で明らかになったのです。このバイアスは皆さんの日常生活に影響するかもしれません。深夜のネット

通販や週末のショッピングなど、おなかが空いている時は買いすぎに注意してください。

本当に今の状況が続くのか？

「投影バイアス」によって判断を間違えてしまうのは買い物だけではありません。例えば会社に入って間もないのに、仕事が大変だと辞めてしまうことがあります。もしかすると、これは仕事や環境になじめずつらい状態が長く続くと思い込んでしまった結果かもしれません。

その一方で、長く会社に勤めた人が突然ポンポンと肩を叩かれ辞めなければならなくなることもあります。危険の可能性があるのに安泰の状態が続くだろうと思い込むと、心の準備ができず、慌てることになります。

自分自身や周囲の状況は常に変化するものと理解することは重要です。そのうえで、自分や周囲が変わらないと思い込んでしまうバイアスがあることも知っておくことが大切なのです。

今回のまとめ

バイアスによって自分の判断が変わることもある。

人が判断する基準って？

安心の金庫？

おっ紳士 商売始めたんか
金庫あります
安心の金庫屋
……
55,000円
安心の金庫屋
安心の金庫…
……
う〜ん
いまいちだなあ

ハロー効果

ひとつの鮮やかな印象が、全体的な印象を左右する。

周りの情報に引っ張られてしまうのが「ハロー効果」です。判断の対象物、それだけをよく見ることが大切なのです。

CMでもそうだけどよ
タレントの魅力で
商品の魅力がアップするんだ
太ったパン屋さんのパンはうまそうだろ?
うさんくさい人間が金庫売ってもなぁ
うさんくさいものあります
カラ カラ カラ
うさんくさいもの屋
これはうさんくさい!!
うさんくさいぞ!!
カラ カラ

タレントのイメージで効果アップ

一部の鮮やかな印象に引きずられる

テレビCMで有名人やタレントを使うのは、タレントのイメージを利用するためです。元気キャラのタレントを起用すれば明るいイメージをアピールできます。高齢者向けの商品で落ち着いたタレントを起用すれば、シニアターゲットに好まれるイメージを作れます。著名なタレントが商品とともに映っているだけで、その商品も人気があり、信用できると思わせることができるのです。

このように**一部の鮮やかな印象が全体の印象を左右する**現象を「ハロー効果」と呼びます。ハローとは神様などの頭上に描かれる、尊敬に値することを示す光輪のことです。**目立った特徴が後光のように全体を良くみせる様子に似ている**ため、この言葉が使われます。

人は権威や肩書にも弱い

イギリスの心理学者スチュアート・サザーランドは、この効果を調べる実験をし

ました。8年前に「全米図書賞」を受賞した有名な作家の小説の著者名を隠し、新作として、27の出版社に送ったのです。その結果、原稿を読んだすべての担当者は凡作と判断し原稿を送り返しました。出版の専門家であっても、小説を読むだけでは内容が優れているかどうかがわからなかったのです。物事の本当の価値を判断するのは難しいのです。

人は判断に困ると、一部の印象だけに頼って評価してしまうのです。この「ハロー効果」は、タレント広告以外にも、さまざまなかたちで使われています。例えば「顧客満足度総合No.1」「ご愛飲累計100万人突破」「5年連続、売り上げNo.1」などの広告表現です。

その他にも、人を判断する時に「高学歴だから仕事ができるはず」「美人だから冷たい人に違いない」「字がきれいだから頭が良さそう」「体育会運動部出身だから営業が得意だろう」などと思い込んでしまうのも「ハロー効果」の影響です。買い物でも人付き合いでも、表面だけで判断しないよう注意すべきなのです。

今回のまとめ

一部の印象や、表面の印象だけで判断しがち。

確率が0%じゃないんだから…?

来るか、一等一億円

宝くじ
母ちゃん
宝くじ買ったのか
フフ…
今度こそ当ててみせるわ一等一億円
宝くじ
母ちゃん知ってっか?
SUSHI
宝くじで一等が当たる確率ってよ…
2000万分の1 = 0.000005%
なんだってよ
ほぼ0%(ゼロパー)!!
ま~ヤなこと言うねェこの子は
買わなきゃ当たんないの
まわりで当たったヤツ見たことねーし
SUSHI

確実性効果

人は100か0かを特に重視して、敏感に反応する。

ったく この子はっ
母ちゃんが大切な
ことを教えてやる
0%(ゼロ)じゃないなら
可能性はある!!
ほんのわずかでも
可能性があるなら
けっして
あきらめない!!
これが
母ちゃんだ!!
ドン!!
母ちゃん…
その姿勢で
少年マンガ
みたいなこと
言うなよ
SUSHI

「買わなければ当たらない」と「買えば当たる」は、似ているようで大違い。確率の数字の大きさをよく見て行動しましょう。

宝くじが当たりそうな気がするのは？

日本人は不確実性を嫌う

東海道新幹線が1年間に運行される本数は約13万本ですが、遅延時間の平均はわずか1・1分だそうです（JR東海の2023年アニュアルレポートより）。これは自然災害による大幅な遅延も含む年間平均なので、平常時はほぼ時間通りだと考えてよいでしょう。全般に日本の鉄道は外国と比較して、ほとんど遅れることがないと言われています。その理由の一つに、不確実さを嫌う日本人の国民性があるかもしれません。

この傾向はオランダの社会心理学者ヘルト・ホフステッドが文化・国民性の違いを定量化した「ホフステッド指数」でも示されています。世界40カ国の「不確実性を避けようとする傾向」を比較すると日本は、ギリシャ、ポルトガル、ベルギーに次ぐ高い数値になっています。

100か0かを重視する

ただし度合いの差はあっても、確実さを好み、不確実さを嫌うのは万国共通です。

この傾向を行動経済学では「確実性効果」と呼びます。**人は、何かが起きる確率が100%や0%であることを重視するのです。その一方で、高い確率でも100%に届かなければ実際より低く感じます。**例えば手術を受ける際、執刀する医師の一人は成功確率が100%、もう一人は99%ならば、絶対に失敗しない100%の医師に執刀して欲しいと思うでしょう。

「確実性効果」が働くと、**0%より少しでも高い確率は、その数字以上に高く感じます。**典型例は宝くじです。2023年の年末ジャンボ宝くじでは、1等が当たる確率は2000万分の1、つまり0・0000005%でした。この確率は、10キロのお米40袋から米1粒を見つけるのと同じくらい低いものです。これほどに低い数字でも、0%ではないというだけで実際以上に当選の可能性が高いと感じるのです。「買わなければ当たらない」と言って宝くじを買う人がいます。その言葉はウソではないのですが、だからと言って買えば当たるとは限りません。物事が起きる確率を冷静に判断することは大切なのです。

今回のまとめ

宝くじが当たる確率は、冷静に判断するとかなり低い。

ビュッフェに行くと取りすぎる…？

今日の食事

わ～♡
目移りしちゃうね
ちょっと取りすぎたかな…
おなかいっぱい…
まだ食べるの？
3千円も払ったのよ
食べなきゃもったいない
ケフ
出た出た！ビュッフェで食べすぎるヤツ
払った金が惜しいからって節度は守らないといけねーぜ

サンクコスト効果

過去に支払ったコストを無駄にしたくないと考える。

払い済みのお金など「過去」の判断に縛られるのが「サンクコスト効果」です。「未来」のための判断をするのは？　「今」でしょ！

いやしーぜ
え…どの口が言ってんの？
はずかしいったら
帰るわよ
そっとはこんでくれ…
ただいまデザートのケーキを追加してございます〜
……
デザートは別腹でございます

なぜビュッフェで食べすぎるのか？

過去のコストを無駄にしたくない

デザインが気に入って靴を買ったけれどサイズが合わない、でも返品もできない。そんな経験はありますか？　その靴を履くことはないけれど、なかなか捨てられず靴箱に入れっぱなしになっていませんか？

この行動は行動経済学の「サンクコスト効果」によるものです。Sunk（サンク）はSink（＝沈む）という英単語の完了形で、沈んでしまって戻らないという意味です。サンクコスト（Sunk Cost）とは、過去に払って取り戻せないコスト（お金、時間、労力など）のことです。前向きに将来に向けて歩むためにはサンクコストは無視すべきです。しかし人はこれを無駄にしたくないと考えてしまいます。**取り戻すことができないコストを、いつまでも気にし続けて忘れられずにいると、その後の行動にまで影響を受けてしまうのです。**

公共事業でも新商品開発でも

古い中国の故事から生まれた「覆水盆に

返らず」ということわざがあります。これは一度起きてしまったことは二度と元には戻らないという意味です。家を出て行った妻が、元夫が出世したのを見て復縁をせまった時に、男が「地面にこぼした水を盆の上に戻してみよ」と言ったことが由来です。人はいつの時代も、二度と戻らない過去にこだわってしまうものなのでしょう。

　現代でも、さまざまな場面で「サンクコスト効果」の影響が見られます。例えば、ダム建設のような国や自治体による公共事業、企業による新商品開発などです。一度始めた後、継続したら損失が出ることがわかっても、過去に投入した労力や投資が無駄になってしまうことを恐れて中止の決断ができないのです。

　身近にある例では食べ放題のビュッフェです。払ったお金がもったいないと思うあまり、満腹になっても余分に食べてしまいがちです。

　こうした心理は特別なものではなく誰にでもあることです。人は過去にとらわれがちであることを認めたうえで、新たな一歩を踏み出すことが大事なのです。

今回のまとめ

過去のコストを気にし続けて、それにしばられないように。

営業活動に大切なものって？

毎日来るあの人

あの営業さん昨日も来てたっスね
毎日来るから顔覚えちゃいましたよ
営業は顔を覚えてもらうのが基本だからね
だからひんぱんにやって来るんスね
そ
営業の鑑（かがみ）だよな〜宮本さん
あれ…？
あの人…佐々木さんっスよね？
え？

ザイオンス効果

同じ人や同じ物に何度も接すると好感度が上がる。

山下さんですよね？
沢尻さんでしょ？
？
？？
気づきましたか
わ〜!!
ヌッ
そうっ われら営業部全員同じ顔にしたのです！
顔を覚えていただくために!!
どうやら効果てきめんだったようですね！
ははは〜 ははは
逆効果だろそれはそれで!!
おそろしいことしてんじゃねェ!!
ぐるぐる
ぐるぐる
ヒ〜
顔だけでも覚えてってくださいね

何度も見ると好きになるのが「ザイオンス効果」です。でも見過ぎるとウンザリ……になるので要注意ですよ！

何度も出会うと好感度が上がる

何度も会うことで好きになる

かつて営業という仕事の基本は「繰り返しお客様のもとに通うことだ」と言われたものです。現在はコミュニケーションの手段がメールやWeb会議サービスなど多様化しているため、過去の常識が通用しなくなっています。

ただし、繰り返し会うことに意味がないかと言われれば、そんなことはありません。行動経済学が明らかにした人間心理に「ザイオンス効果」があります。これは、**同じ**

人や物に接する回数が増えれば増えるほど、その人や物に対する好意度や印象度が上がる効果です。何度も会うことで記憶に残るのは当然ですが、それだけでなく少しずつ好きになっていくのです。

米国の社会心理学者ロバート・ザイオンスはこの心理を証明するために、さまざまな見知らぬ人の顔写真を、いろいろな回数見せて「好意度」を測りました。この実験の結果、見た回数の少ない顔より、多く見た顔に対する「好意度」のほうが高くなることが明らかにされました。ちなみに**顔だ**

けでなく、意味のない漢字のような形で同じ実験を行っても結果は同じでした。

さらに、**音、匂い、味などでもこの効果が働く**と言われます。母親がつくってくれた料理は何歳になっても美味しいと感じるのもこの効果によるものです。対象が何であれ、人は繰り返し五感で感じたものに対して好意を感じるものなのです。

「ザイオンス効果」の注意点

「ザイオンス効果」は人間関係を良好にするために役立ちます。

ただし、覚えておくべき点が二つあります。第一に、先入観がない状態から始める必要があることです。好き嫌いの感情が生まれた後では、繰り返し会っても効果が限られます。第二に好感度が上がる効果は徐々に薄まることです。ひたすら回数を増やせば、その分だけ好意を持ってもらえるとは限りません。これからの社会はデジタル化が進みますが、リアルな関わりがうまくいくように、この心理を知ることをおすすめします。

今回のまとめ

同じ人や同じ物に接する回数が増えるほど、好感度は上がる。

人が並んでいるのを見ると…？

なんの列？

すげー行列
ズラ〜〜…
なんの列ですか？
さあ…
さあ？
なんの列かわからないけどみんな並んでるから並びたくなっちゃって…

バンドワゴン効果

多くの人が選んでいるものを、さらに多くの人が選ぼうとする。

え…
あ やっぱり知らない?
僕もわからない
私も知らないのよ
どういうこっちゃ……
ま 行列ってなんか並びたくなるよな
けどよ…なんの行列かわかんないまま並ぶって
そんなんでいいのかよ
んじゃとりあえず…並ぼうぜ

みんなが並んでいるから自分も……。みんなが欲しがるから自分も……。それって判断を人任せにしてるだけですよねぇ。

多くの人が支持するものが「いいもの」

店の前に行列をつくる

行列マーケティングという言葉があります。飲食店であれば、座席を減らす、店舗内に待機スペースをつくらない、調理スピードを調整するなどにより、店の前に行列を作るのです。顧客が不満を抱く危険はありますが、うまくいけば費用がかからない格好のPRになる可能性もあります。過去の記憶をたどると、バブル時代の1980年代、西麻布の交差点にできたアイスクリーム店「ホブソンズ」前の行列が、この手法のはしりでしょう。

行列を見ると人は関心を持ち、一緒に並びたくなってしまうのです。この傾向を行動経済学では「バンドワゴン効果」と呼びます。**多くの人が一つの選択肢を選んでいると、さらに多くの人がそれを選ぼうとする**というものです。

人は時流に乗りたい、勝ち馬に乗りたい、と思い大勢に加わります。ちなみにバンドワゴンとはパレードの先頭を走る楽隊車のことです。音楽を鳴らして走るバンドワゴンについていく群衆の様子から、この効果が名付けられました。
　かつてこの心理を証明する実験が行われました。ホテルの宿泊客にメッセージを伝えることで、タオルを洗濯に出さず再利用してもらうようお願いしたのです。この時、単に「再利用をお願いします」というのでなく、「多くの宿泊客が協力してくれました」というメッセージを伝えると、より多くの人が再利用してくれました。他の大勢と同じように自分も再利用しようという気持ちが生まれたためです。この効果は良い効果を促すためにも使えるのです。

人の行動を誘導する効果

「バンドワゴン効果」は、物を販売する広告でも使われています。「全国で〇〇人が使っています！」「業界シェアNo.1！」といった言葉をコピーに入れることで、人気がある商品というイメージを与えるのです。このように「バンドワゴン効果」は、人の行動を誘導する効果があります。その効果を知って、自分の意思に反する行動へと誘導されないよう注意することも大切です。

今回のまとめ

多くの人の「いいもの」が、自分にとっても「いいもの」か？

まとめ 1

人は自分が意識している以上に「自分自身が大事」

損を避けようとする「損失回避」という心理的バイアスがあります。ここでの問題は損得の判断が甘くなることです。例えば限定商品を見て「買えるチャンスを逃すこと」を損と判断してしまうのがそうです。不要な買い物をするほうが、より大きな損のはずなのに。

関連するバイアスに、複数からの選択時に極端なものを避ける「極端回避性」があります。中間の選択肢は危険が少ないと思い込むのですが、よく考えた結果ではないので結局損をする可能性があります。損得を測る時には「確実性効果」も影響します。100%や0%の確率を重視する心理が強すぎ、現実的な確率を見誤ってしまいます。

他の判断を誤らせるバイアスに、目立った良い特徴だけを見て全体が良いと思い込む「ハロー効果」があります。多くの人が選んでいるものを選ぶ「バンドワゴン効果」や、何度も見たものを良いと判断する「ザイオンス効果」も判断を狂わせます。

損を嫌う傾向の陰には、損に至る判断をくだした自分自身を嫌う心理があります。例えば、二度と戻らないサンクコストにこだわる「サンクコスト効果」です。切り替えられないのは、コストを生む判断をした自分自身の誤ちを認めたくないからです。コストを自分自身を重大に考える点で、自分の現状が続くと思い込む「投影バイアス」も似たバイアスと言えます。

これらの心理的バイアスが示すように人は無意識に、さまざまな形で損を避けようとします。同時に、損しない判断ができる自分でいようとします。つまり人は誰でも、自分で意識している以上に「自分自身が大事」なのです。

竹で

第2章

不合理な行動経済学

人間の感情は、
不合理な行動を選んで
しまうことも多い

第2章

不合理な行動経済学

ダイエットよりケーキ優先…？

何度目の…？

ワンツー
ワンツー さんしっ
おっ
通算 何千回目の ダイエットだ 母ちゃん
うっさい ねっ
ケーキ 買って きたけど いらねーな
わ〜い
わ〜い
ムシャ
パクパク
ダイエットは いいのかよ

時間割引、現在志向バイアス

今もらえるものに高い価値を感じ、時間がかかるものの価値は低く感じる。

ハッ
アタシったら…
今回こそ4万3千6百7回めの正直にするつもりだったのに…
思ったより挫折してるな
おのれっ
母ちゃんをたぶらかそうとする悪魔（デーモン）めっ去（い）ねっ
あーおそろしっ
食いながら言うなよ
なんてね…
わが子が買ってきてくれたケーキだよ… ダイエットなんか後回しさ…
母ちゃん…
わが子のぶんまで食いながらなに言ってんだァ
むしゃむしゃ
あらマ
返せエエエエ

「今すぐ欲しい」と思う気持ちは誰にでもあります。でも、我慢したから手に入るトクがあることも忘れないで！

今もらうか、後でもらうか？

もらえるタイミングで価値が変わる

「今、1万円もらう」と「1年後に1万円もらう」、どちらを選ぶか尋ねられたら、ほとんどの人は今もらうほうを選ぶはずです。同じ1万円なのに、判断が偏るのはなぜでしょう？

理由は、もらえるタイミングによって対象物に感じる価値が変わるためです。**人はすぐにもらえるほど価値が高いと感じ、もらうのが遅くなるほど価値が低いと感じます。**時間が経つほど価値が下がる（割り引かれる）ことから、この心理を「時間割引」と呼びます。今もらえるものに対して高い価値を感じる心理は、特に「現在志向バイアス」と呼ばれています。これらによって人は、目先の利益を優先させてしまうのです。

「ダイエット」や「夏休みの宿題」が良い例です。スマートな体型でいられることよりも、今すぐにおいしいケーキを味わうことを優先してしまうので、ダイエットはうまくいきません。夏休みが始まった時から計画的に宿題をやればよいのに、遊びの計画を優先してしまうため、夏休み終盤に宿題に追われるのです。

自己嫌悪におちいる必要はない

自分自身にこの心理が働くことを知っておけば、計画的な対応をすることができます。もらった給料をすぐ使ってしまうのでなかなか貯金できないという人は、給与天引きで自動的に貯金や積み立てをするのが良いでしょう。家でついついお菓子を食べすぎてしまう人は、お菓子を買いだめしないようにする、少し取り出しにくい場所にお菓子を保管するなどの工夫がおすすめです。

自分の自制心を過信するのはよくありません。精神論で衝動を抑えようとしても限界があります。だからといって、我慢ができないという理由で自己嫌悪におちいる必要はありません。「時間割引」や「現在志向バイアス」は自覚できないものだからです。無意識のうちに行動させられてしまうのです。それを理解して、無理せず、冷静に賢く対処すべきものなのです。

今回のまとめ

目先の利益を優先させてしまうのは仕方がないこと。

アタシたち同じセンスだよね…？

プレゼント

みっちゃん
新しい会社でも
がんばってね
ありがとー
パチ パチ
これ…
ウチら
3人からの
プレゼント
プレゼント選び
任せちゃったけど
何にしたのかな
やんのか
HADAKA DEBA

フォールス・コンセンサス効果

周りの人が自分と同じ考えを持っていると思い込む。

いいっしょ!?
見つけた時大コーフンでさあ
着てみて着てみて
え〜〜何あのシャツ…どこで売ってんの
いらねー
え…
うわ〜〜みっちゃんすげービミョーな顔してる…
なんでこいつにプレゼント一任しちゃったんだろ
わ〜やっぱにあう!!
そう…?
にあうにあう!! パシャパシャ
あ…写真はちょっと…
やんのか
こいつと同じセンスだと思われたくない
やばい
プレゼント選んでくれてありがとねっ
独特のセンスだよねっ
よせやい照れるぜ
おめーらのぶんもあるぜ…
もちろんアタシも…ズッ友だかんなウチら…
え〜最悪
やんのか

「フォールス・コンセンサス効果」で、まわりも自分と同じだと考える前に、それが自分の思い込みではないか確かめたほうが良いかも。

あの人もきっと同じはず

自分と他人が同じ考えだと思い込む

親しい人にあげたプレゼントが喜ばれずに、がっかりした経験を持つ人は多いのではないでしょうか。相手の望みをわかっていなかった自分が悪いのか、せっかくのプレゼントを喜ばない相手が悪いのか、どちらだろうと悩む前に知っておいていただきたい心理があります。「フォールス・コンセンサス効果」です。これは**周囲の人々が自分と同じように考えると思い込んでしまう**心理です。フォールスは間違い、コンセンサスは合意を意味します。この心理が生まれるのは、人が孤立することなく他の人と同じでいたいと望むためです。**自分は正常だと感じて安心したいという深層心理によって、無意識のうちに他人も自分と同じ考えだと勘違いしてしまう**のです。

米国の社会心理学者リー・ロスは実験でこの心理を証明しています。まず参加者の学生に、体に広告ポスターを貼ったサンドイッチマンの姿でキャンパスを歩き回るよう頼みました。その後に、この依頼を引き受けた学生と、断った学生の2グループに

分けます。そして両方に対して「同じことを別の学生に頼んだら、承知してくれると思うか？」と質問します。すると、引き受けた学生の6割が「他の学生も引き受ける」と答えました。逆に、依頼を断った学生の7割が「他の学生も断る」と答えました。結局どちらのグループも、他の学生は自分と同じ判断をすると思ったわけです。

トラブルになることも

会社において、この心理が働くとトラブルになることがあります。例えば仕事を休む時に電話で報告するのが常識だと思う人と、メールの連絡で構わないと思う人の間ですれ違いが生まれることがあります。また、上司が良かれと思って厳しく指導した結果、パワハラと認定されてしまうこともあります。お互いが無意識に、相手も自分と同じように考えるはずだと思い込むとトラブルが根深いものになりかねません。こうした誤解を避けるために、意識的にコミュニケーションを取り合うことが大事なのです。

今回のまとめ

人の考えも自分と同じだと思い込むのはあぶない。

第 2 章

不合理な行動経済学

ぜんぶホントに大事なもの?

捨てられないもの

アンタ少しはものを捨てなさい
ロクでもないものばっかり溜め込んで
ごちゃ…
どれも大事なもんだよ
タマだって溜め込んでるじゃねーか
ニャ〜
お気に入りのコレクション
アンタネコと比べるつもり?
いいのよタマちゃんは
コレクションでちゅもんね〜♡
人間差別だぜ
ナーン
MONEY

保有効果

自分の持ち物に必要以上に価値を感じる。

自分のものだと捨てたくないと感じるのは、損を避けようとする無意識の反応です。「本当に捨てたらダメなのか？」を考えたら判断が変わるのでは？

おっ
トッ
ポト…
でかした
タマ
これじゃ
捨てられ
ない
ほーら
やっぱり
いらない
もんよ
タマア
ザザッ
ザザッ

断捨離はなかなか難しい

自分の持ち物に高い価値を感じる

「断捨離」ができない人は多いです。その理由はさまざまです。日本人の美徳である「もったいない」精神、「ものを大事にしなさい」と言われ続けて生まれた捨てることへの罪悪感、時間に余裕がない、分けるのが面倒などの理由です。

行動経済学の視点で言えば、別の精神的理由があります。「保有効果」の心理です。これは**自分の持ち物に高い価値を感じ、手放したくないと感じる**傾向です。**他人から見たら、なぜ取っておくのかわからないようなものでも、本人は大事だと思うもの**なのです。

ノーベル経済学賞を受賞したダニエル・カーネマン教授は、「マグカップの実験」でこの心理を証明しました。実験に参加する学生をランダムに売り手グループと買い手グループに分け、売り手にはマグカップをプレゼントし、いくらなら買い手に売るかを聞きます。一方の買い手には、いくらなら買うか値付けをしてもらいます。すると、売り手の付けた値段が買い手の2倍以

上という大きな差が生まれたのです。売り手が何の変哲もないマグカップに高値を付けたのは、手元に置いたことで「保有効果」が働いたためです。

ポイントやソーシャルゲームでも

「保有効果」は意外なところでも働きます。お店などでもらう「ポイント」を貯め込みがちな人はいませんか？　ポイントが自分の保有物になると、額面以上に高い価値を感じて使えなくなりがちです。またソーシャルゲームで捕獲し、集めたアイテムなどに「保有効果」が働くこともあります。価値あるものを保有している気分になり、ゲームにハマっていくのです。

　家庭で断捨離をする際の注意点は「家族の物を勝手に捨てない」ことだそうです。自分の物なら慎重に考えるのに、家族の物だと簡単に捨てがちです。断捨離に「思い切り」は必要ですが「話し合う」ことを忘れてはいけません。心理的な行き違いを生む「保有効果」を知っていれば、うまく断捨離を進められそうですね。

今回のまとめ

家庭での断捨離は、思い切りと話し合いを。

たくさんの種類から選ぶ時は…？

どれがいい？

新商品入荷したって聞いて…
ハイこちらです
ズラ〜〜ッ
お好きなものをお選びくださ〜い
うわ…
選択肢は多いほうがいいかと思いまして
じっくり選んでください
はっはっは
こんなにあんの…？
多すぎるだろ…
う〜ん…

決定麻痺

選択肢が多いと、選択をやめたり先延ばしにしたりする。

たくさんの中から選べるようにすることは、もしかしたら親切ではなく、不親切かも!?

う〜ん…
あら大変 知恵熱出しちゃった
3つくらいにしぼってもらえますか?
おまかせください
そうですね〜…
ダメじゃねーか

種類が多いと選べなくなる

ジャムの試食で売れたのは……？

今の世の中は物があふれています。多くのメーカーがさまざまな商品を販売しているため買い物で迷うこともしばしばです。選ぶという行動に関して、米国コロンビア大学のシーナ・アイエンガー教授は実験を行いました。スーパーで通路を歩く来店客に対して6種類のジャムと24種類のジャムを試食させるというものです。2パターンの時間帯を分けて、どちらのほうが多く試食されるか、また試食後に多く売れたのはどちらかを調査しました。その結果、多く試食されたのは24種類でしたが、実際に購入されたのは6種類のほうでした。これは行動経済学で言う「決定麻痺」が影響したと考えられます。**選択肢が多すぎた時に選択自体をやめたり、選択を先に延ばしてしまう**現象です。

脳の疲れや後悔への恐れ

24種類のジャムを試食した人たちはたくさん試食し、迷ったあげく買いませんでし

た。

このような現象の原因は「決断疲れ」と呼ばれる脳の疲労です。何かを選んだり決めたりする時に脳はフル回転します。**人間の体は機械とは違うので疲れで働きが弱まり、良い判断ができなくなる**のです。

一方、多くの選択肢を見比べて一つを選べたとしても、後から後悔や不満が生まれる可能性もあります。もしも別のものを選んでいたら違う結果になったのではないか？　と想像してしまうからです。より良い選択ができた可能性を捨てきれず後悔が残るのです。

選択肢は多ければ良いというものではありません。では選択の対象はいくつあれば良いのでしょう？　ヒントとなるのが「マジカルナンバー」です。これは脳が短期的に記憶できる情報の数で、一説には「4±1」と言われます。3〜5個のものを比較するのであれば、それぞれの特徴を比較しながら、選択することができるわけです。

もし買い物などで良い選択をするためには、まず候補の数を3〜5個に減らしてから検討するというのが良い方法なのでしょう。

今回のまとめ

選択肢は3〜5個ぐらいがちょうどいい。

推しのグッズをそろえたいのは…？

グッズいろいろ

なー
△○社の見積もり
どこだっけ
あっ
メモする
ね
☆OMI☆
…書きにくくね？
あっコレ？
コレはね
私の推し
『ゆらめき☆
アンバタサンダ～ス』
（通称『アンバサ』）の
五所川原オミくん
イメージカラーは
エメラルドグリーン
ハープ担当の高校一年生
聞いてねーよ
書きにくく
ねーのかって
言ってんの
メモ
くれ
C-8
S-32棚のファイル
ココに
ちょっと
だけ
ハイ
オミくん
メモパッド
…メモのスペース
小さくね？

感情
ヒューリスティック

合理的な判断よりも、好き嫌いの感情で判断する。

好き嫌いの気持ちを抑えるのは難しいものです。けれど、自分が感情で判断しているか？　理性で判断しているか？　それだけは意識するようにしましょう。

ちなみにこの消しゴムも推しのグッズよ♡
オミくんけしゴム
OMI
ちょっと消しづらいんだけどね
ビッ ビビビー
紙破れてんぞ
推しの顔ついてりゃなんでもいいのかよ
たしかに少々使いにくいけど…
それでも推しのグッズがそばにあると心が満たされるの
ビーッ ビッ ビビッ ビー
フーン
ゴメン
ここ書き直して
人生にときめきがあるのはいいことだぜ
あっ書類が
ビッ ビビー

好きなものは好き、嫌いなものは嫌い

好き嫌いの感情が勝る

効果的な広告を作る方法として、数十年前からよく知られている「3Bの法則」というものがあります。3Bとは赤ちゃん（Baby）、動物（Beast）、美人（Beauty）の頭文字です。この三つを使うと人々の目を引きやすく、好感を持たれる広告になると言われています。

こうした要素が人々の心に訴えかけるのは「感情ヒューリスティック」の影響です。これは、**物事の良し悪し、出現頻度や確率、行動などを、好き嫌いの感情で判断してしまう**心理です。アイドルやキャラクターなど、ファンが推しのグッズならなんでも買うのも同じ理由です。

オレゴン大学のポール・スロヴィック教授による実験では参加者に、水道水への添加物、化学プラント、食品防腐剤など、科学技術に対する個人的な好き嫌いを示してもらいました。そのうえで、それぞれの良い点と悪い点を書き出してもらうと、好きなものについては良い点ばかり、嫌いなものは悪い点をあげる結果になったのです。

ちなみにこの実験は一般人だけでなく科学技術の専門家も対象にして行われましたが、全く同じ結果でした。

合理的に考えたい株投資

「感情ヒューリスティック」の影響を受けると、赤身の肉が嫌いな人は、これを硬くて栄養がないと言います。タトゥーが嫌いな人は、公衆の場で見せることの悪影響を訴えます。オートバイが嫌いな人はこれを危ない乗り物だと主張します。**あらゆる人は、合理的に考えるべきものまで好き嫌いで判断してしまう**のです。

はじめて株投資をやる人へのアドバイスとして、よく行く飲食店、憧れの車、愛用している雑貨など、自分の好きな会社に投資をしてみるという方法があると聞いたことがあります。それは投資自体に抵抗感を感じている人や、投資先をどう選べばよいか全くわからない人にとっての一つの方法ではあります。しかし必ずしも合理的な投資方法ではないことは覚えておいたほうが良いでしょう。

今回のまとめ

株投資などは合理的に考えたいところ。

第2章

不合理な行動経済学

たくさん買い物した後って…？

買い物で

ホームセンター
すがすがしいほど買ったぜ
アイスクリーム
おっアイス
おごってやるよ紳士
いいって400円だし
たくさん買い物した後だと安く見えるぜ
はっはっは

感応度逓減性（ていげん）

大きな損得の後では、小さな損得は感じにくい。

「安いから」と買ってしまうその判断、心理的バイアスの影響では？　本当に安いのか、まず考えることが大事です。

月末――
……
ザ・給料日前だぜ…
見事にスッカラカン…
うさんくさいものあります
いもの屋
水道水
あの時の400円があれば…
ギロ
あ〜あ…
ビクッ
紳士をにらむなよ

レジ前のお菓子は気軽に買ってしまう

同じ金額でも感じ方が違う

スーパーで数千円の品物をカゴに入れ、代金を支払う時のレジ前で、100円程度のお菓子を気軽に買ってしまうことがあります。でも事前に何も買わない状況ならば100円でも慎重になるはずです。この行動の違いは「感応度逓減性」が原因です。

これは**損や得が大きくなるほど、それによる不満や満足の感じ方が鈍くなる**心理です。**ある程度お金を使った後でさらにお金を払う時の精神的な痛みは、ゼロから支払う出費による痛みよりも小さい**のです。数千円買い物した後では100円程度のお金を失っても気にならないわけです。

損だけでなく得する場合も同じことが起きます。例えば無一文の時に1万円をもらえたらうれしいですよね。けれど事前に10万円もらった後に1万円得しても、無一文の時ほどの喜びは湧かないはずです。

テレビの通信販売も同じ

テレビの通信販売ではこの心理を巧みに

利用しています。例えば、司会者が定価10万円のノートパソコンを「1万円割引します」と言います。視聴者がこれはお得だと注目したところで「さらに定価3000円のマウスもプレゼント」と加えます。そろそろ終わりかと思ったところで、さらに司会者が「今だけ！　2000円のUSBメモリーも付けましょう」とアピールします。これは「ザッツ・ノット・オール（That's Not All）」と呼ばれる販売手法です。日本語で「それが全部じゃないよ」という意味です。一度に合計1万5000円得すると伝えるのではなく、1万円、3000円、2000円と、分けてアピールするほうが、そのたびに得する喜びを感じられます。それらを全て合わせた時の喜びは、一回で感じるものより大きくなります。結果、すごく得した気分になって、つい買ってしまうのです。

「ワインと一緒にチーズも」「スーツを買ったらネクタイも」といった売り方はよく見られます。「感応度逓減性」を意識して、本当に必要かどうか判断してから買いましょう。

今回のまとめ

安いからではなく、必要だから買うのがベスト。

お金をパーッと使う時って…？

あぶく銭

おっしゃ━━!!
的中ウゥ━━!!
飲みや
あぶく銭は
パーッと
使うに限るっ
来いよお前ら
ぜんぶ
おごるぜっ
おすすめ
じゃんじゃん
頼みたまえっ
はっはっは〜
今夜は
パーッと行くぜ
パーッと
からあげと
さしみと
イエ〜〜
最高の
夜だぜ
〜〜!!
カンパーイ!!

メンタル・アカウンティング、あぶく銭効果

一生懸命働いて得たお金と、そうでないお金の印象は違う。

無駄使いは必ず後悔するとわかっているはずなのに、使い過ぎてしまうあなた！ 心理的バイアスに特に影響されやすいタイプかも？

月末――
……
ザ・給料日前だぜ…
見事にスッカラカン…
うさんくさいものあります
いもの屋
水道水
なんであん時パーッと使っちゃったんだろうな…
ギロ
あ～あ…
ビクッ
先月のコピペじゃねえか

すぐ開ける財布と開けない財布

あぶく銭は散財してしまいがち

人は入手方法や使用目的によって、心の中で無意識にお金を分類し、使い方も変えています。行動経済学では、この傾向を「メンタル・アカウンティング」と呼びます。例えば一生懸命に働いて手に入れたお金と、たまたま誰かにもらったお金は、同じお金でも使い方が違います。**苦労して得たお金は大事に使いたくなります**よね。逆にギャンブルで儲けるなど、**たまたま運よく手に入れたお金は貯金したり堅実に使うのではなく、散財してしまう**傾向があります。これは「あぶく銭効果」と呼ばれます。人は心の中で、お金を異なる複数の財布に入れているかのように使い方を変えるのです。

旅先でのお土産は気前よく使う

誰もが「メンタル・アカウンティング」の影響を受けています。例えば5万円の予算でコートを買いに行ったのに、7万円のコートを買ってしまったと想像してください。帰り道のカフェで美味しそうに見えた千円のケーキセットを頼まず、「散財したから節約しなければ」と考えて400円のコーヒーで済ませたとします。それだけで節約した気分を味わえます。もちろん少しでも節約しようとするのは良い心がけです。ただ現実には600円の節約は、2万円の散財に遠く及びません。それでも節約した気になるのは、コート用のお金とケーキセット用のお金を心の中で分けているからです。洋服用の財布からは散財したけれど、飲食用の財布からは節約したと認識するのです。

あなたは旅先でのお土産を、値段を気にせず買ってしまった経験はありませんか？これも「メンタル・アカウンティング」の影響です。食べ物であれ雑貨であれ「日常の物を買う財布」から払う時は価格やコスパを慎重に検討します。ところが土産を買う「旅行を楽しむ財布」では、あまり値段を気にしません。

お金に対する心理は複雑で、自分で意識できないこともあります。少しでも節約したいならば、その一歩として自身の心理を知ることから始めてはどうですか？

今回のまとめ

人は使い方が異なる財布をいくつか持っている。

結局「いつもの」となるのは…？

いつもの店

夕飯を食べにブラリと街へ
ラーメン
飲みや
やきとり
海鮮
ビストロ
イタリアン
新しい店も気になるけど
ホー
トルコレストラン
NEW OPEN
祝
祝開店
結局いつもの店
いらっしゃ〜い
なんだかんだ定番が落ち着くんだよなぁ
とりあえず生と…
いつもの

現状維持バイアス

未体験のものを受け入れず、現状を保とうとする。

「いつもと同じ」を選んでしまうのは、無意識に損を避けているだけ。変えることで得られるトクがあることも忘れないで。

えっ…
えーと…?
あっ いや
ハハ
えっ えーっと…
おしぼりで〜す
んじゃ コレ… えだっ… 枝豆 ください
あいよっ
枝豆 入りました〜!
覚えられてなかった…!!
カ〜…
生一丁で〜す

サブスクを続けてしまうわけ

結局いつもの店に行ってしまう

外食の時、新しい店に行こうと思っていたのに、結局いつもの店に行ってしまうことがあります。行きつけの店なら店員、雰囲気、料理のメニューも知っていますが、初めて行く店だと、店の様子がわからないので不安です。せっかく行ったのに楽しめないかもしれません。**人は普段と違う行動をすることによるリスクを敏感に感じ取り、変化によって生まれる損失を避けようとします。**

行動経済学では、未知で未体験のものを受け入れずに現状を保とうとする心理を「現状維持バイアス」と呼びます。

この影響は日常的に見られます。同じブランドの商品を買う、飲み物の注文でとりあえずビールを頼むといったものです。結婚や転勤など、先が見えない変化を恐れて尻込みするのもこの心理の影響です。今までの状態を続けることで得られるメリットと比較した時、現状を変えることによるデメリットのほうを、より強く考えてしまうものなのです。

サブスクも一度始めると継続しがち

こうした消費者の心理をふまえた販売の方法に「サブスクリプション」があります。これは月単位や年単位で定期的に料金を支払って、サービスや商品を利用するものです。音楽や動画の視聴、パソコンやスマートフォンの有料アプリの他に、家具、アクセサリー、花などの商品もサブスクで提供されています。サブスクも一度始めると継続しがちです。

理由もなく同じことを繰り返す行動は不合理ですが、これは無意識のリスク回避とも考えられます。不確実さを避けて目に見える現状を保つことは、行動の選択肢の一つであって良いでしょう。

しかし現実の社会には、行動しないことによるリスクもあります。例えば転職で安定は約束されませんが、同じ会社で働き続けた結果、望まない異動や、会社の業績悪化などのリスクに直面することもありえます。現状を維持するか変えるかの岐路に立つ際は、多くの選択肢を考慮して判断することの大事さを忘れずにいたいものです。

今回のまとめ

行動するリスクもあるし、行動しないリスクもある。

まとめ 2

人はさまざまなパターンの誤りを犯してしまう

　この章でもさまざまな心理的バイアスのパターンを紹介しました。主なものは、頭を使わない判断、損失への過剰反応、お金管理の誤り、コミュニケーションの勘違いなどです。

　まず頭を使うべきことなのに考えずに判断してしまうパターンです。判断を好き嫌いで行う「感情ヒューリスティック」、選択肢が多いことで選択をやめたり先延ばしにしたりする「決定麻痺」がありました。

　次に、自分が損をするかもしれないことに対する過剰な反応です。現状を保つことで変化によって生まれる損を避ける「現状維持バイアス」、手放すことを損と考えて不要なものでも捨てられない「保有効果」がありました。

　次は、大切なはずの自分のお金に関する判断の誤りです。ギャンブルで得たお金を無駄使いしたり、旅先で散財したりしてしまう「メンタル・アカウンティング」があります。また、高い物を買った後では安い買い物を気軽にしてしまう「感応度逓減性」もありました。

　最後にコミュニケーションにおける誤りです。周囲の人々が自分と同じ考えを持ち、同じように判断すると思い込んでしまう「フォールス・コンセンサス効果」がありました。

　これらからわかるように、人は頭を働かさず反射的に行動しがちです。また自分が関わるものや自分自身に対して一定の正しい評価をするのも苦手です。その結果、さまざまなパターンの誤りを犯します。それにもかかわらず人は、自分は正しいと思い込んでしまうものなのです。

わ～い
ムシャ
パクパク
ダイエットはいいのかよ

おごってやるよ紳士
いいって400円だし

第3章

損しないための行動経済学

行動経済学を知れば
知らないうちに損を回避し
上手に暮らせる

他とボーナスを比べてみたら…？

他の会社と比べて

ボーナス結構出て
喜んでたんだけどさあ
同世代の平均額と比べたら全然少なかった
え～
30代のボーナス平均額 〇〇～〇〇万円
あ～ね～…
知らなきゃよかったよ
ガチャ
ガタ
ガタン
なに!?
お客様どうされました!?
ボ…

参照点

人は無意識に比較をして、嬉しさや悲しさを感じる。

周りと自分を比べてしまいがちですが、それで気分を左右されるのはちょっと……。そんな時は自分自身を「参照点」にしてはどうでしょう？

お客様!? しっかり!!
ボ…
ボ…
ボーナス…？
今期もみんなよくがんばってくれました！
お礼のバウムクーヘンです
ひゃっほ〜い!!
うちの社のボーナス…バウムクーヘンだったよな…
わ〜い
ホールのクーヘンだぜ
大喜びしちゃったな…
その日のうちに全部食っちまったぜ…
知らなきゃよかった…

隣の芝生は青く見えてしまう

過去や他人と比較する

あなたが勤める会社から「来年の年収は500万円になる」と言われたらどう感じますか？　もし今年の年収が400万円だったなら、喜びを感じることでしょう。600万円だったならば逆に悲しくなるはずです。500万円という**同じ額の年収をもらうのにもかかわらず、生まれる感情は状況によって正反対**になります。「年収500万円の価値」をどう感じるかは「過去の年収」に左右されます。このような判断の基準を「参照点」と呼びます。「参照点」によって感情が左右される傾向は「参照点依存性」と呼ばれています。

「参照点」は一つだけとは限りません。年収が400万円から500万円に増えて喜んでいる時に、あなたの同期の平均年収が600万円だと知ったらどうですか？　くやしさや悲しみを感じるでしょう。**「他人の状況」も「参照点」となる**のです。

人は無意識に比較をし、一喜一憂してしまうものです。「隣の芝生が青く見える」のが、その例です。本当に他人が幸せかはわからないのに、表面だけを見て自分のほうが不幸だと思い込んでしまうのです。

自分が不幸だと思い込まない

なぜ人は比較をするのでしょうか。それは他人と比べて結論を出すほうが簡単だからです。自分が幸せかどうか、自分自身で判断するのは意外に難しいものです。自分が望むことや、自分が本当に必要としていることをはっきりさせ、それらが満たされているかどうかを考えなければ、判断できません。そこまでは考えられないとしても、表面を見て自分が不幸だと思い込むのはやめるべきでしょう。「参照点」を決める時に参考になるのは「病気になって初めて健康のありがたみがわかる」という言葉です。病気になった状態が「参照点」となると、当たり前だった健康をありがたく感じます。このように、自分の感情を左右する参照点を自分自身で決めることは可能であり、とても大切です。幸せかどうかは周りに決められるのではなく、自分自身で決めるべきなのです。

今回のまとめ

自分の感情を左右する「参照点」を自分自身で決めたい。

ごほうびに理由をつけたい…？

ごほうびといましめ

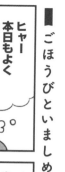

ヒャー
本日もよく
働きました!
自分への
ごほうび
アワー!!
アンタ毎日
自分にごほうび
与えてるわね
だってよ
生きてるだけで
尊いアタシが
労働に身を
やつしてる
んだぜ?
米百俵
もらったって
足りねーよ
ニャー
やんねーぞ母ちゃん
休みの日で
一日ダラダラしてても
なんだかんだで
自分へごほうび
あげてんじゃない
ちょっとちょうだいよ
イイだろ
べつに
ヤダよ
自分であげなきゃ
誰がくれる
ってんだよ
母ちゃんが
ごほうびくれたって
いいんだぜ?
ギブミー
なに
言ってんだい
ったく
自分には
甘いんだから

理由に基づく選択

根拠や理由があれば、結果的に矛盾が生じても気にしない。

理由さえあれば安心できる……人間って弱いものです。それを認めることが強くなるスタートになれば良いのですけれど……。

次の日
母ちゃんの言うことも一理ある
というワケで今日から「自分へのいましめ」も導入する
ニャー
これでイーブンだろ
ダラダラした日はスクワット20回！
いちにっさんしっ
ニャー
ハーハー
ハーハー
ニャー
いましめたごほうびだぜ…
プシ
BEER
ニャー

「ワケ」があれば納得できる

単なる安売りと一線を画す

衣服、雑貨、食品など幅広く品質の良い商品を集めた「無印良品」の誕生は1980年でした。登場時の広告コピーは「わけあって、安い。」でした。質が高い「良品」なのに安いわけ（理由）は「乾燥椎茸の傘が割れていること」や「サケの身が欠けていること」です。またパッケージやラベルが薄いベージュ色だったのも「紙の原料を漂白せずにコストを削減するため」という理由がありました。こうした「安い理由」を知った消費者は、単なる安売りと一線を画す「無印良品」を選んだのです。**自分の判断の理由が明らかになると、人は安心して行動できます。**この傾向は「理由に基づく選択」と呼ばれています。

「理由づけ」できるかどうか

行動経済学者のエルダー・シャフィールはこれを証明する実験を行いました。まず参加者に「離婚前の夫婦が子どもの親権で争う状況」を想像させます。一方の親は年収、働く時間、子どもとの関係の強さ、健康状態など全て「平均的な親」です。他方は年収が高く、子どもとの関係を大事にしますが、仕事で不在がち、健康にも問題がある「極端な親」です。実験参加者を2グループに分け、一方に「2人のどちらに親権を与えるべきか」と聞きます。結果は多くが「極端な親」を選びました。ところが別のグループに「2人のどちらに親権を与えるべきでないか」と尋ねると、同じく多くが「極端な親」を選んだのです。原因は、**親権を与えるにしても奪うにしても、「極端な親」のほうが「理由づけ」しやすかった**ことです。「高収入なら不在時もシッターを雇えるので親権を与えるべき」と考えられます。また「高収入でも子どもと接する時間が短いなら親権を与えるべきでない」と考えることもできるのです。

ただし理由があればすべての行動が正しいとは限りません。「自分へのごほうび」と理由をつけて、ボーナスで高価なバッグを買ったり、ダイエット中にケーキを食べてはいませんか？　よく考えず「理由に基づく選択」をしないように注意しましょう。

今回のまとめ

理由があれば安心できるが、安易な理由づけに注意して。

ブランドバッグが生きがい…？

ブランドバッグ

私たちの時代はガンガン働いてブランドバッグ買うのが生きがいで～
ハア
って言われたんだけど
ほしい？ブランドバッグ
正直ピンと来ない
そんな金があったら推しに使うわ
だよね
世代間のギャップかな
ゆとり世代
んなこたねーだろ
アタシだってブランドバッグくらい持ってるぜ
え？

アンカリング効果

初めに得た情報にひきずられて、その後の判断がゆがむ。

アンタいつも手ぶらじゃん
よそいきはブランドバッグだぜ
ひとつくらい持ってたほうがいいぜ
意外…
今日はデパート行くぜ
老舗の紙袋
どらや

無意識に事前情報を参考にするのは、良い判断をするためです。ただし、その情報が良い情報（偏りのない正確な情報）なのかどうかは確かめるべきですね。

ピザ、ピザ、ピザ、ピザ……ここは？

初めの情報にひっぱられる

子供のころの遊びに、「ピザ」と10回言わせた後に、肘を指さして「ここは？」と聞き、「ひざ」と答えてしまう様子を笑い合うものがありました。

人は初めに得た情報にひっぱられて、その後の判断がゆがむ傾向があります。初めの情報を「アンカー（船の錨）」にたとえて、この傾向を「アンカリング効果」と呼びます。錨を下ろした船が大きく動けないのと同様に、狭い範囲で判断をするのです。

行動経済学者のダニエル・カーネマンらは、参加者を2グループに分けて計算結果を予想してもらう実験を行いました。一方は「8×7×6×5×4×3×2×1」、別のグループは「1×2×3×4×5×6×7×8」という問題に、5秒以内という短時間で答えてもらいます。どちらも計算する時間がないのでカンで答えを出します。正解は40320ですが、前者の中央値（ばらつきのある答えを大きさ順に並べて、最小と最大のちょうど中央にある値）は2250となり、後者の512よりも大きい結果でし

た。その際、最初に目にした数字が「8×7×……」と大きいか、「1×2×……」と小さいかで、答えが変わるのです。

世代間でも意識の違いがある

世代間の意識の違いも「アンカリング効果」で理解できます。1960年代生まれの「バブル世代」は好景気が続くことを疑わず「24時間戦えますか？」とばかりに長時間労働や接待に邁進（まいしん）しました。派手に消費し、自己主張もはっきりしていました。

一方、1990年代前後に生まれた「ゆとり世代」は不景気が当然の時代に育ちました。ワーク・ライフ・バランスを重視して身の丈に合わせて暮らし、ブランドのバッグやカッコイイ車なども欲しがりません。競争を嫌い、SNSなどでのつながりを大切に生きています。この二つの世代は仕事、消費、暮らしなど大きく異なる経験をしてきました。これらがアンカーとなって今の判断に影響を与えます。世代間のコミュニケーションをスムーズにするには、こうした心理的影響も意識すると良いですね。

今回のまとめ

経験や意識の違いは、判断にも影響を与える。

得している時と損している時の差…？

一発逆転

今日は勝ってるぜ
ワーワー
ワワ
余裕があるのはすばらしい
最終レースもビール片手にゆっくり見てられるぜ
ハハ みんな必死だねぇ 最終で一発逆転しようってか
ワワワ
万馬券来いイイ
ワーワー
有り金全部つっこんだぞ
いや～愉悦愉悦
ワアアア
負けたアアア

最終レース効果、反転効果

損している時と得している時では、正反対の行動を取る。

リスクがある状態に置かれているか、その逆かで判断が反転してしまいます。だから自分自身の状態を冷静に見たうえで、判断をくだすべきなのです。

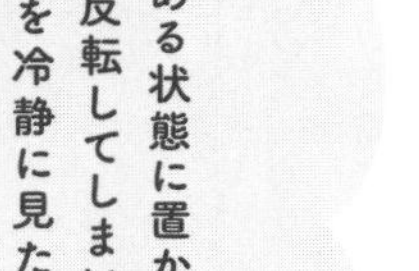

翌週
ゲエエ… このままだと 大損だぜ… かくなる 上は…
最終レースに 全てを賭ける!!
有り金全部 ブッこむぜッ!!
わずかでも 可能性が あるなら
けっして あきらめ ない!!
母ちゃんの 教えを 今こそ…
いっけええ一発逆転
大穴万馬券――!!
外した アア
ニヤ ニヤ
ワーワー

余裕があるか、追い込まれているか？

大穴を狙うか、静観するか

行動経済学には「最終レース効果」という言葉があります。損が重なった最後の場面で、確率が低いにもかかわらず一発逆転の勝負に出る心理です。競馬などのギャンブルで、最終レースを迎えた時に大きく負け越していたとします。このままだと大損で終わってしまうという状態に陥ると、人は損を帳消しにしようとして大穴の万馬券に有り金をつぎ込もうとします。

逆に十分に儲かった状態で最終レースを迎えるとどうなるでしょう。冷静に分析をして勝てそうならば賭けますが、そうでなければ無理せず静観します。安全性や確実性を求めるのです。**現状が損をこうむった危険な状態か、または得している安全な状況かによって、全く正反対の行動を取ります。**この傾向を「反転効果」と呼びます。

二つの質問

反転効果に関する二つの質問です。AとBのどちらかを選んでください。

質問①

「A：確実に9万円もらえる」

「B：90%の確率で10万円もらえるが、10%の確率で何ももらえない」

質問②

「A：確実に9万円を失う」

「B：90%の確率で10万円を失うが、10%の確率で何も失わない」

いかがでしたか？　確率で計算すると実は、二つの質問ともにAとBの損得は同じです。なのでA、Bを選ぶ割合は半々のはずですが、質問①ではAが多くなりがちです。「10万円は魅力だが、少しでも0円になる可能性があるなら、確実に9万円もらおう」と考えるのです。得が約束された状況だと、人は安全なほうを選ぶので質問②では逆にBが多くなります。「確実に9万円は損をする」危険な状態だと、人は「確率は低くても、何も失わない可能性があるほうに賭けよう」と考えるためです。

このように人の判断は無意識に偏ります。何かの選択を迫られた時には、自分は余裕のある状態か、追い込まれた状態かの確認後に答えを出すと良いかもしれません。

今回のまとめ

安心な状態か、危険な状態かで、行動に違いが出る。

第3章
損しないための行動経済学

限定商品に目がいってしまうのは…？

限定ってつくと

数量限定
ぷりぷりエビ焼売
エビ
数量限定だってよ
ひとつ買っとこう
数量限定
ぷりぷりエビ焼売
期間限定水ようかん
期間限定だって
限定ってつくとついつい買っちまうよな
新鮮お野菜
特売

スノップ効果

希少なものや、みんなが持っていないものに価値を感じる。

限定品
2,000円
限定…
うさんくさ
あります
500円
限定品
2,000円
うさんくさいもの屋
いくら限定をつけても
うさんくさいものは
売れないと思うぜ〜
んじゃ
ひとつくれ

人が持たないものを手に入れたいと思うのは、優れた自分でいたい心理の表れかも。だからといって、ものを買うことで欲求を満たすのは良い方法とは言えませんね。

人が持っていないものが欲しい

限定ものや高額商品が気になる

着ている洋服が人とかぶった時、それが仲良しの友達なら嫌な気はしないものです。でも、それが見知らぬ他人だった場合は、少し恥ずかしくなりませんか？

人は他人の持っていない希少なもの、簡単に手に入らないものに価値を感じる傾向があります。逆に誰もが持っているものは価値が低いと思ってしまいます。この心理を「スノッブ効果」と呼びます。「スノッブ」は「俗物的」「上流気取り」といった意味です。

「スノッブ効果」を利用した事例として数量限定、期間限定、地域限定のように「限定もの」であることをアピールする商品販売があります。少量だけ生産されるオリジナルデザインのアクセサリーなどが人気になるのもこの影響です。ECサイトなどで表示された「販売残り個数」を見た人が、売り切れないうちに買おうと思ってしまうのも同じ心理です。

特にバブルの時代には、高い値段の商品のほうが売れるという不思議な現象がありました。もちろん品質が良いから値段が高いケースもあります。だからといって高額だから常に品質が良いとは限りません。こうした勘違いをする人がバブル期には多くいました。また「スノッブ効果」の影響を受けた人も大勢いました。高ければ買う人が限られるから、という理由で高額商品を買う人たちです。このような心理がバブル消費を助長しました。

「スノッブ効果」の特徴は、本人が**自分の意思で商品を欲しいかどうか判断するのではなく、他人が持っているかどうかを判断基準にしてしまう点**です。周囲に影響されて行う決断は健全とは言えません。

買う決断の前に

今の時代も売り手は買い手の心理を読んで欲求を刺激しています。特別感や限定感を訴えて買う人をあおるケースも見られます。買う人は惑わされることなく自分自身の考えで決めることが必要です。買う決断の前にその買い物は本当に必要か、自問自答すると良いのではないでしょうか。

今回のまとめ

その「限定もの」は、自分が本当に欲しいもの？

ゲームで一日を使ってしまった…？

有意義なこと

うお
夕方じゃん
ゲームしてたら一日終わったわ
もったいな～い
せっかくの休みなのに
その時間をもっと有意義なことに使ったら？
エステ行ったりカフェを開拓したり♡
どこが有意義なんだよ

機会費用

自分が選ばなかった機会の結果はあまり気にしない。

「もし、あの行動をしなければ……？」といった考えができるのも行動経済学を知るメリット。ただし考えながら寝ないように注意（笑）

まあ一理ある
今日はなにか有意義なことをしよう
ニャ
封 ゲーム
有意義なこと…
有意義な…
封 ゲーム
ガ〜
封 ゲーム
寝て終わったわ

ゲーム以外の選択肢はない？

ゲームを「やらない」選択

ゲームにハマっている時、ゲームの楽しさは頭に残りますが「もしゲームをしていなかったら、どうだっただろう」とは、あまり考えないものです。ゲームをするかどうかは一つの選択です。選択肢は常に一つではないので、ゲームを「やらない」という選択もあります。**その際にもメリットはあります。ゲームに使った時間を他の趣味に費やすことで得られる満足や、友人や家族とのコミュニケーションで感じる喜びなどです。**

このような、選ばなかったことによって逃したメリットを「機会費用」と呼びます。**人は選ばなかった選択の結果は気にしません。**「機会費用」は軽視されがちなのです。ゲームにハマる人は、この心理によって反省することなく、ひたすらゲームに時間を使い続けます。

買い物を「しない」選択

スーパーやデパートでの割引販売の際に

「機会費用」が軽視されると何が起きるでしょう。安売りを求めて遠くから足を運ぶ客の頭の中にあるのは、割引額のことばかりです。この場合に「買いに行かない」選択もできるはずです。そうすれば移動費用や時間を使わずに済みます。しかし、このコストや手間を節約できるメリットは軽視されてしまうのです。

この心理を証明するために、米国デューク大学のダン・アリエリー教授らは自動車販売店で実験を行いました。車を買おうと来店する顧客に店頭で「車を買ったら何をあきらめることになりますか」と尋ねたのです。車の値段は数百万円ですから、他の使い道と比較しても不思議はありません。ところが多くの人は〝別の使い方〟を考えてさえいませんでした。どこでどんな車をいくらで買うかなど「買う」選択ばかりに目を奪われ、買わない選択肢による機会費用を無視したわけです。

さまざまな選択肢を考えることは、時に面倒であり、これが迷いにつながることもあります。しかし重要な選択であるほど冷静に選択肢を広げて決断すべきなのです。

今回のまとめ

自分が選ばなかった選択肢も選ぶことはできたはず。

損してないなら、オールOK…？

取り戻してやったぜ

いや〜今日はツイてたぜっ
ワイワイ
ガヤガヤ
本命のレースで外したから
どうなるかと思ったけどよ
ぐあ
そのあと少しずつ盛り返して損したぶん見事に取り戻してさ
っしゃあ
いや〜もうけもうけ
いや…ソレ
プラスマイナスゼロになっただけだろ
別にもうけてないぞ

ブレークイーブン効果

損した状態からなら、ゼロに戻すだけで嬉しい。

損得ゼロがうれし過ぎる原因は、損を嫌がる「損失回避」です。この喜びは、最終的な損得の判断を狂わせるので要注意です。

盛り下がること言うなよ
いいんだよ損しなかったんなら
すいませんビールおかわりーー
たしかに損はしてないけど…
交通費やらビール代やら考えたら
結構な金払ってるよな
ほんで必ず金欠になる…
なんか金ないなー
……
でもまいっか
あとほっけとギョーザとー

損をゼロに戻すだけで嬉しい

引き分け状態でいい

損が重なった最後の場面で一発逆転の勝負に出るのが「最終レース効果」です。これと似たもので、**損した状態から損得ゼロの状態に戻そうと強く思う心理があります。人は損がなくなれば、得にまで至らなくても喜びを感じるのです。**この心理を「ブレークイーブン効果」と呼びます。「イーブン」はスポーツなどにおける、同点や引き分けの状態のことです。

例は投資における「やれやれ売り」です。

値下がりした株などを持ち続けた後、相場の回復で買値に近づいた段階で売ることです。マイナスから脱して「やれやれ」と言いたくなる気分から名付けられました。損得ゼロの状態なのに嬉しくなるのは「ブレークイーブン効果」の影響です。

普段の生活の中でもある

あなたは、親友との大げんかの後に仲直りした経験はありますか？　こうしたケースで、けんかの前よりも仲良くなることがありますｏ大事な友人を失う危険な状態から元に戻ったことで「ブレークイーブン効果」が働き、喜びが大きくなったためと考えられます。

これ以外にメルカリのような「フリマアプリ（オンライン上にてフリーマーケットのように出品者と購入者が物品の売り買いを行えるアプリ）」においても、この心理の影響が見られます。捨てるしかない物でも取引が成立すれば、売り手は代金を手に入れることができます。手間がかかり利益は少ないかもしれませんが、不要な物をかかえたマイナスの状態から脱することができるわけです。「ブレークイーブン効果」が働いても不思議はありません。

コロナ禍後の「リベンジ消費」でもこの心理が働きました。行動制限が緩和されると、日常に戻っただけなのに気分が高揚し消費意欲も活発になったのです。

さまざまな場面で「ブレークイーブン効果」は影響を及ぼします。これにより必要以上に嬉しさを感じるのは不合理な心理ではありますが、幸せな気持ちになるのは悪いことではないでしょう。

今回のまとめ

損得ゼロで必要以上に嬉しくなる不思議。

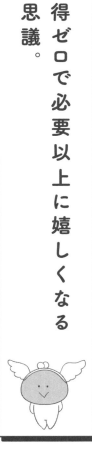

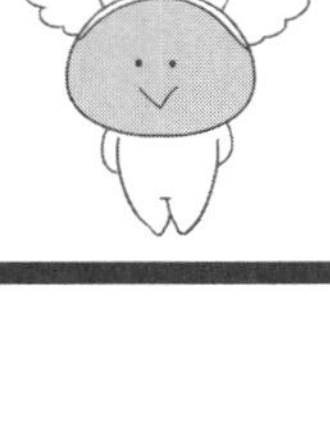

まとめ 3

人の「行動する根拠」には ゆがみや思い込みも多い

自分で考えて判断をするのは決して簡単ではありません。そのため、手近な根拠で結論を出してしまうことがあります。この例として、事前に得た情報によって後の判断がゆがむ「アンカリング効果」、他人の状況（＝参照点）をもとに判断してしまう「参照点依存性」、他人が持っていない珍しいものに価値を感じる「スノッブ効果」があります。「参照点依存性」によって「隣の芝生が青く」見えて他人をうらやんだり、逆に「スノッブ効果」によって他人に対して自慢をしたくなったりします。いずれも自分の考え方を元に行動するのではなく、他人との比較で行動してしまう点が問題です。

このような「行動する根拠」に関する誤りには、「過去の経緯」を元に行動してしまうパターンもあります。例えば、損が重なった場面に直面すると一発逆転を狙ってしまう「最終レース効果」、損から損得ゼロになる状態を求める気持ちが強すぎてしまう「ブレークイーブン効果」です。過去に損していようと得していようと、それらに関係なく現在の判断をくだすべきです。

「行動する根拠」が見つからない時、勝手に理由らしきものを作って自身を正当化することもあります。「理由に基づく選択」による行動です。例として「自分へのごほうび」と称して高い買い物をしたり、ご馳走を食べすぎたりするといった行動があります。

もちろん人の行動全てに根拠があるとは限りません。根拠なしで行動することがあってもやむを得ません。避けるべきは「根拠さえあれば自分の行動は正しい」と思い込んでしまう過ちです。

いっけええ一発逆転
大穴万馬券――!!
競馬

ヒャー
本日もよく
働きました!
自分への
ごほうび
アワー!!
BEER

第4章

毎日の暮らしの行動経済学

毎日の暮らしの
身近なところで
行動経済学が役立つ

自分のほうが家事が多い…？

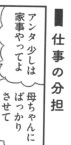

仕事の分担

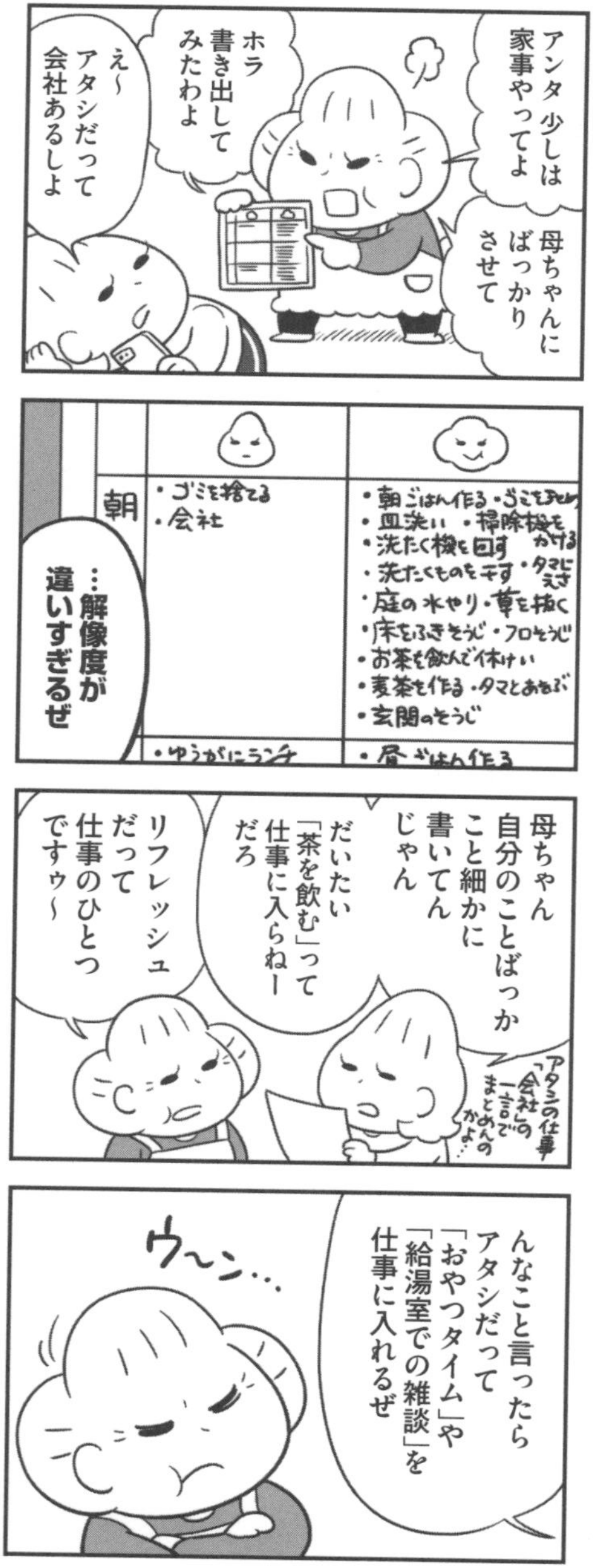
アンタ少しは家事やってよ
母ちゃんにばっかりさせて
ホラ書き出してみたわよ
え～アタシだって会社あるしよ
朝
・ゴミを捨てる
・会社
・ゆうがにランチ
・朝ごはん作る
・皿洗い
・掃除機をかける
・洗たく機を回す
・洗たくものを干す
・タマにえさ
・庭の水やり
・草を抜く
・床をふきそうじ
・フロそうじ
・お茶を飲んで休けい
・麦茶を作る
・タマとあそぶ
・玄関のそうじ
・昼ごはん作る
…解像度が違いすぎるぜ
母ちゃん自分のことばっかこと細かに書いてんじゃん
アタシの仕事「会社」の一言でまとめんのかよ…
だいたい「茶を飲む」って仕事に入らねーだろ
リフレッシュだって仕事のひとつですゥ～
んなこと言ったらアタシだって「おやつタイム」や「給湯室での雑談」を仕事に入れるぜ
ウ～ン…

利用可能性ヒューリスティック

自分にとって印象の強いものを判断基準にしてしまう。

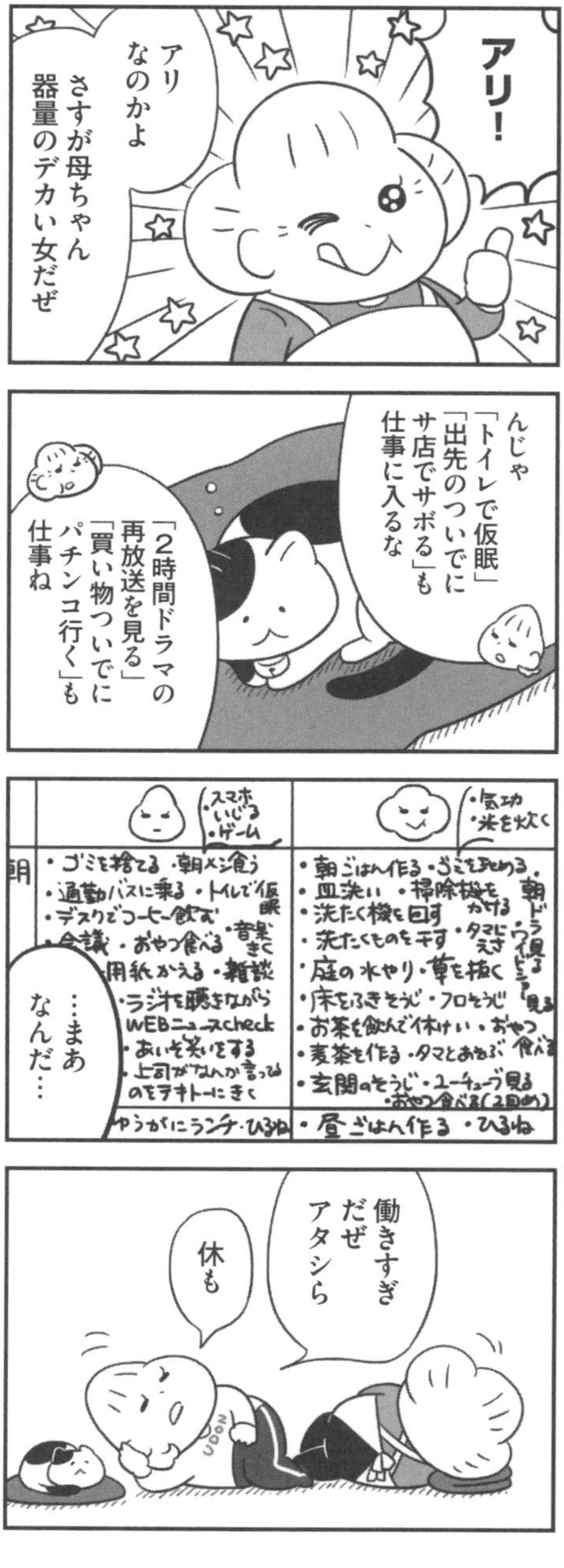
アリ！
アリなのかよ
さすが母ちゃん器量のデカい女だぜ
んじゃ「トイレで仮眠」「出先のついでにサ店でサボる」も仕事に入るな
「2時間ドラマの再放送を見る」「買い物ついでにパチンコ行く」も仕事ね
・気功
・米を炊く
・朝ごはん作る
・皿洗い ・掃除機をかける
・洗たく機を回す
・洗たくものを干す ・タマにえさ
・庭の水やり・草を抜く
・床をふきそうじ ・フロそうじ
・お茶を飲んで休けい ・おやつ食べる
・麦茶を作る ・タマとあそぶ
・玄関のそうじ ・ユーチューブ見る
・おやつ食べる(2回め)
・昼ごはん作る ・ひるね
・スマホいじる
・ゲーム
朝
・ゴミを捨てる ・朝メシ食う
・通勤バスに乗る ・トイレで仮眠
・デスクでコーヒー飲む
・会議 ・おやつ食べる ・音楽きく
用紙かえる ・雑談
・ラジオを聴きながらWEBニュースcheck
・あいそ笑いをする
・上司がなんか言ってるのをテキトーにきく
ゆうがにランチ・ひるね
…まあなんだ…
働きすぎだぜアタシら
休も

個人的な印象で判断してしまうのは仕方ありません。良くないのは、その判断が正しいと思い込むことです。気を付けましょう。

コンビニ、美容院、歯科医院、どれが多い？

意外と多い美容院

日本にコンビニエンスストア、美容院、歯科医院の中でどれが一番多いか聞かれると、コンビニと答える人が多いです。実際は、もっとも多いのは美容院で約26万4千軒、次に歯科医院が6万7千軒、最後がコンビニの5万7千軒です。コンビニが多いと思い込むのは、コンビニを利用する機会がもっとも多いからです。**人は何かを判断する時に、自分が思い出しやすい記憶や、印象が強かったできごとを根拠にしてしまいます。**この傾向を「利用可能性ヒューリスティック」といいます。

自分がやっている家事の割合

この心理に関する実験を、ダニエル・カーネマン教授が著作『ファスト&スロー』で紹介しています。夫と妻の両方に対して別々に、「家事全体の中で、自分がどのくらいの割合をやっているか」を答えてもらうのです。二人とも正しい割合を答えれば、合計は100%になるはずです。ところが

結果は100%を超えてしまいます。なぜなら二人とも、自分が行う家事の割合を実際より多いと判断するためです。では実験に参加した夫婦は、嘘つきやわがままなのでしょうか。いいえ、そうではありません。原因は「利用可能性ヒューリスティック」なのです。

二人とも自分がやる家事は（当たり前ですが）すべて知り、覚えています。逆に相手がやっている家事のすべては知りません。その結果二人とも、印象が強い自分の家事のほうが多いと思い込んでしまうのです。

これは互いが無意識にくだす判断であり、どちら側にも悪意はありません。

ただ、それぞれが「自分のほうが家事をたくさんやっている」と思いながら暮らすとどうなるでしょう？　知らず知らずに不満がたまり、ケンカにもなりかねません。もし「利用可能性ヒューリスティック」を知り、自分自身と相手を理解できると不満も生まれないでしょう。その他のさまざまな場面でも、誤解による不満は減るはずです。人間の心理を知ることは人間関係を良くすることにもつながるのです。

今回のまとめ

自分の印象だけで判断してしまうことは多い。

私、マリッジブルーかも…？

結婚式の余興

結婚式の準備進んでる？

う〜ん…

いろいろやることが多くてさ 結婚自体がなんだか憂鬱（ゆううつ）になってきちゃって…

ウーン ゼイタクな悩み…

今は大変だからそう思うんだよ
ここを乗り越えたらハッピーな新婚生活が待ってるって
なんて独身の私が言ってもだけど…

ここでターン！

あれ？あの2人…

解釈レベル理論

人は遠い対象には特徴的な点、近い対象には具体的な点に注目する。

時間が経っても同じように判断するのは、じつは難しいことです。将来の自分を予想して今行動できるなら、それが一番なのですが。

きっと結婚式での余興のダンスの打ち合わせだよ
あの2人が振り付け担当なの
ワンテンポはやく
こんな夜まで…
祝福してくれる人がいるのにマリッジブルーになってる場合じゃないよね
んじゃ次な
ここでバクチク200連発
新郎
新婦
もうダメだ
ガタガタ
マリッジブルーが悪化してる!!
ガタガタ

マリッジブルーが起こるのは？

目の前のことばかり気になる

「木を見て森を見ず」は、物事の細部に気を取られて全体を見失うことです。人は誰でもこの状態になることがあります。

例えば「マリッジブルー」です。これは結婚を控えて幸せなはずなのに気分が落ち込む状態です。結婚が決まった時は、将来まで末永く人生をともに歩む伴侶ができたことに胸を躍らせたはずです。ところが現実に結婚が近づくと、結婚式の段取りや招待客選びなど目の前のことばかりが目につきます。遠い未来への期待など忘れて憂鬱になってしまうのです。まさに「木を見て森を見ず」の状況になります。かつて新婚旅行から帰った成田空港への到着直後に離婚してしまう「成田離婚」が話題になりました。このような事態が生じたのも、未来を見ずに目前の不満に注目したためかもしれません。

感情が変化した原因は「解釈レベル理論」で説明できます。これは**遠い対象に対しては抽象的で特徴的な本質に注目し、近い対象は具体的で些細な表面に注目する傾**

向です。同じ物事を見ているのに、そこから遠い時点と近づいた時点では印象が変わってしまうのです。

転職でもありがち

「転職」などでも同じ心理が働いています。会社や仕事に不満や不足を感じて、または自身の成長やステップアップを狙って転職を目指します。決まった時には過去の仕事から解放され、期待で胸を膨らませます。ところが新しい会社の出社日が近づくにつれて、部署にどんな人がいるのか、日々の業務はつらくないかなどが気になり始めます。将来的な成長を目指す気持ちが薄れてしまうのです。

　この心理による過ちを避けるには、時間の変化によって起きる気持ちの変化を予測して準備することが大事です。将来の予定についても、すぐに起こっても大丈夫なように具体的な準備をすると良いかもしれません。逆に目の前の対応に追われている時には、無事に終わった後の良い未来を想像すると良いでしょう。

今回のまとめ

時間の変化によって起きる気持ちの変化を予測しよう。

第4章
毎日の暮らしの行動経済学

当たり続ける確率って…？

ラッキー

おっ
当たり
へへっ
ラッキー
アイス
うおっ
また当たり!!
あたり
アタシ…
めっちゃ「当たる」人
じゃん!!
すげ〜〜!!
当たる確率100%
あたり

少数の法則、平均への回帰

統計は対象数が多いほど誤差が少ないが、少しの回数でも同じ結果だと思ってしまう。

たまたま2回連続で当たっただけだろ
100%ってワケじゃ…
ヘッへ うらやましーんだろ
やんねーぞっ
いや〜愉快愉快
ジャー
TOILET
ゴボゴボ
な…
あたっただろ…
アイス3個も食うからよ

通常を超えたラッキーがあっても、喜び過ぎないことです。長い目で見ると平均的な結果に落ち着くものですから。

自分に都合のいい法則を見いだす

そろそろヒットが出る？

プロ野球の試合中継で、平均打率2割5分のバッターが3打数無安打で迎えた最終打席に、解説者が「そろそろヒットが出ると思いますよ」とコメントすることがあります。それを聞いて不思議に思う人はいないかもしれません。打率2割5分ならば、4打席に1本はヒットを打つだろう、3打席無安打だったのなら4回目の打席ではヒットが出るはず、と思うからです。ですがこれは間違いです。なぜなら平均打率とは、長期間にわたり打ち続けた中でのヒットの割合だからです。プロ野球では年間140試合以上あり、各試合で多ければ4～5回の打席があります。年間の数百に及ぶ打数をもとに計算した打率が2割5分になるわけです。

成功などの確率を計算する時、試す回数が多いほど正確な数値が出ます。これは「大数の法則」と呼ばれます。例えば投げたコインの裏表は数多く試すほど、2分の1という正確な確率に近づきます。これは「大数の法則」による結果です。またこの

ように、試した回数が増えることで確率が平均的な値に収まることを「平均への回帰」とも言います。

平均値が常に有効ではない

時に人は「大数の法則」が、少ない回数の時にも当てはまると勘違いしてしまいます。この錯覚を「少数の法則」と呼びます。冒頭の打率は典型的な誤りです。年間の平均打率はその選手の実力を表していますが、年間140試合以上の中には好不調の波もあります。しかし「少数の法則」の影響を受けると、わずか4打席の打率も2割5分になると思い込んでしまうのです。**「平均値」が常に有効と思ってしまうわけです。**

ちなみにバスケットボールでは難しいシュートが決まり続ける状態を「ホット・ハンド」と呼びます。応援する観客は喜びますが、これもまた平均とはかけ離れた状態です。とはいえ、観戦する立場になると平均的で変化のない試合よりも、常識を超えたプレーやドラマティックな展開を期待してしまいますよね。

今回のまとめ

数が少ない場合の確率はあてにならない。

第4章
毎日の暮らしの行動経済学

この世界をあったかく…？

愛には愛で

山田
サカサカ
母ちゃん そこ お隣のとこだろ
いいんだよ ついでだから
お隣さんにはいつも親切にしてもらってるし
親切には親切で愛には愛でお返しするのさ
そうやって肉ぶとんみたいなあったかい愛で世界を包む
そういふものに母ちゃんはなりたい

社会的選好（返報性）

人は自分の利益だけでなく、他者の利益も考慮して行動する。

SODA
さすがアタシの母ちゃんだぜ
カン
カラ カラ
SODA
ス…
罪には「愛」という名の教育で百倍返し…♡
さすが母ちゃんだぜ
ゴゴゴ
ゴゴ
ゴゴゴ

自分の損得にかまわず人に尽くす「利他性」。誰かの行動にお返ししたくなる「返報性」。どれも人間らしい行動ですね。

人のための行動に、人は幸せを感じる

無料で試食したら買う？

スーパーの食料品売り場で無料で試食した後は、何も買わずに立ち去るのを躊躇（ちゅうちょ）しませんか？

人は自分だけが一方的に利益を得ることをよしとしない傾向があります。自分自身のメリットだけでなく、他者のメリットも良いこととととらえる心理を「社会的選好」と呼びます。ボランティア活動に参加する、寄付をする、地球にやさしい商品は高くても買うなどの行為の根底には、この気持ちがあります。「社会的選好」には、自分を犠牲にしても他人のために行動する「利他性」、物などを贈り合い助け合うなど社会的な関係を大事にする「互酬性」など、さまざまなパターンがあります。

仕返しの形でも表れる

試食のケースで働いているのは「返報性」と考えられます。これは他人から何かしてもらったとき、相手にお返しをしたいと思う心理です。「返報性」は好意や親切

に対してだけ表れるものではありません。悪意や利己的な行動に対して「目には目を、歯には歯を」の言葉通り、仕返しの形で表れます。自分の利益を犠牲にしてでも相手を罰しようとするのです。

この心理は「最後通牒（つうちょう）ゲーム」と呼ばれる実験で確認されています。実験の参加者が、2グループに分かれてお金を分け合うものです。一方の「分ける人」が分け方を提案し「受ける人」が納得すれば、その通りに分けられますが、提案が拒否されると二人ともお金をもらえません。分け方が平等であればよいのですが、例えば1000円を「分ける人」が700円、「受ける人」が300円といった分け方だと高い確率で拒否されました。「受ける人」は自分の取り分がゼロになってでも、相手に得をさせまいとしたのです。

基本的に「返報性」は良い社会や人間関係を作るものです。笑顔で接してもらうとこちらも笑顔になる、自分に興味をもってくれた人に対しては自分も関心をもつ、なども「返報性」です。好意の返報性であふれる社会をめざしたいものですね。

今回のまとめ

自分のため、人のための優しい社会に。

ネットオークションにはまる…？

入札

これは…
買い逃したフィギュア…
ラッキー
しかもお手ごろ価格！
オークション
オジマトイズ フィギュア
現在 600円
入札する
入札っと
入札がありました
現在価格　700円
ぬ…
800円
1100円
1500円
1700円
1800円
900円
1000円
負けるかァアア

後悔の回避

将来後悔をしないよう、過剰な反応をしてしまう。

オ〜クション
勝った…
落札おめでとうございます!
取引をはじめる
なんという高揚感…
最終的に4千円近くになってしまったのは誤算だったが…
それでも買い逃して後悔するより全然マシだぜ
よしとしよう
後日
オ〜クション
オジマトイズ フィギュア
現在 500円
入札する
………

「後悔の回避」による高額の落札を反省するなら、まだ良いです。「保有効果」が働くと、落札した商品の価値を高く感じすぎて、反省もしなくなりますから。

ネットオークションで過剰に散財する

ネットオークションの魔力

ネットオークションは、競り合って最高額の人が買える取引です。単純な売買とは違い最初から値段が決まっているわけではありません。人気商品には時間ギリギリまで多くの人が入札し、値段が高騰します。逆に入札が少なければ相場より安くなります。参加すると、自分の金額を超える入札がないよう祈る時のスリル、落札できた時の高揚感、安く買えた時のトクした感など、さまざまな気分を味わえます。

しかし、他人より高い値段を付け続けた結果、高すぎる額で落札する失敗もあります。こんな時には「後悔の回避」が働いているかもしれません。これは**人が将来に不快な後悔をしないよう行動するもの**です。この心理に影響されると、**後悔に対する不安を強く感じすぎて過剰な対応をしがち**です。例えば、希少な廃盤ＣＤなどのオークションで「今、競り落とさなければ二度と手に入らないかも」と不安になり、予算オーバーの額で落札してしまうのです。

他にもネットオークションには危険があ

ります。落札直後には散財したと反省します。しかし後日届いた商品を手元に置くと愛着が湧いてくるのです。これは自分の保有物に実際以上の高い価値を感じる「保有効果」の影響です。他人が見れば散財でも、自分の中では「買ってよかった」という気持ちになります。そしてネットオークションにハマっていくのです。

2種類の後悔の感情

「後悔の回避」には「行動した後悔」と「行動しなかった後悔」の2種類があります。異性への告白で例えるならば、前者が「告白してふられた時の後悔」、後者が「告白せず付き合えなかった時の後悔」です。後悔に関する研究によると、決断直後は「行動した後悔」のほうが大きいのですが、時間が経つと「行動しなかった後悔」が大きくなる傾向があるそうです。

　後悔に関する感情は複雑ですね。後悔するかどうかで不安になるよりも、本当に自分が避けたい後悔は何なのかを考えるほうが良いのかもしれません。

今回のまとめ

**後悔したくない気持ちを
いったん整理して。**

美味しいと評判のラーメン店で…？

ラーメンに並ぶ

★まだ並んでた2人
イラ イラ
いつまで並ぶんだよ
ラーメン
ラーメン
ラーメン屋だったのか
どんなにラーメンがうまかろうが
グウウウ
ハラの音→
グウウ
ひたすら待たされた憎しみを胸に刻み永遠に忘れない…
グギュルル
お待たせいたしました～
ガララ…

ピークエンド効果

人はピークと最後の印象だけで全体の評価を決める。

ピークとエンドで判断しがちなことは知っておくと良いでしょう。誰かに悪用されて印象を操作されることもあるので。

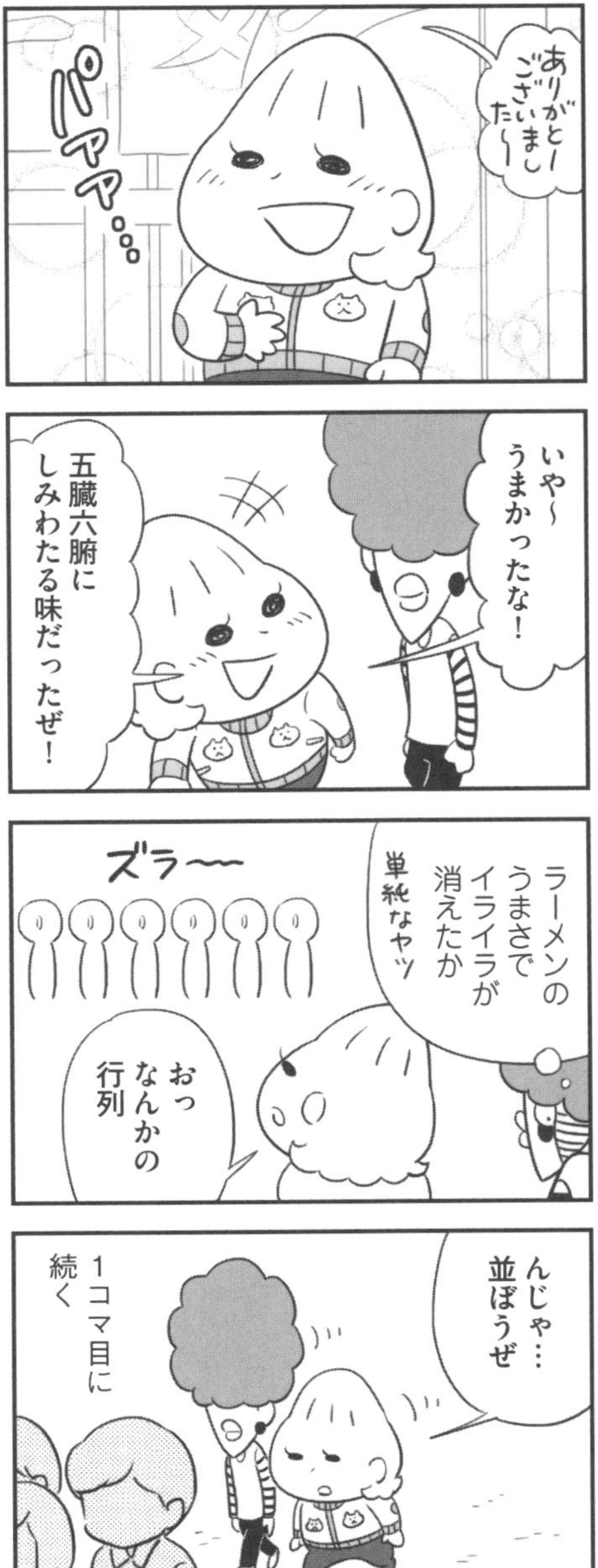
ありがとーございましたー
パァァ。。。
いや〜うまかったな!
五臓六腑にしみわたる味だったぜ!
ラーメンのうまさでイライラが消えたか
単純なヤツ
ズラ〜〜
おっなんかの行列
んじゃ…並ぼうぜ
1コマ目に続く

ピークと終わりが良ければＯＫ

美味しいラーメン店の行列

行列のできる美味しいラーメン店に行ったことはありますか？　どんな印象が残っていますか？　ラーメンの味などは覚えていても、店の前で何分も待たされたことは、記憶に残っていないのではないでしょうか。その結果「良い店だった、美味しかった」といった良い評価だけになりがちです。

こうした評価においては「ピークエンド効果」が働いています。**人が自分自身の過去の経験について、その最高の時**（ピーク）**の印象と、終わった時**（エンド）**の印象だけで判断する傾向**です。経験途中の出来事や経験全体の長さには関係なく、二つの印象のみで全体の評価が決まるのです。

行列のラーメン店を思う時、待ちに待ったラーメンを味わった喜び（＝ピーク）や、食べ終わった後の満足感（＝エンド）で判断します。行列で待たなければならなかったイライラなどは思い出さないのです。

「ピークエンド効果」は小学、中学、高校などの学生時代を思い出す時にも影響します。当時は先生に怒られたなど嫌なことは

いろいろあったはずなのに、それで全体を判断することはありません。数年間の数々の出来事から、最高に楽しかった学園祭や、最後の思い出深いイベントである卒業式などで判断して「学生時代は良かった」と思うのです。

エンドの印象

この心理に関連する実験があります。参加者をⒶ、Ⓑの2グループに分けて異なるパターンの騒音を聞かせ、終わった後に「全体としての不快感」を尋ねました。Ⓐは「8秒間騒音を聞かせる」、Ⓑは「8秒間騒音を聞かせた直後、不快感の少ない騒音を8秒間聞かせる」という方法です。すると、Ⓑの方が不快に感じる人は少ないという結果でした。「エンド」の印象が全体を左右したわけです。

皆さんの日常でも、この心理を活用することは可能です。誰かと話す時、パーティなどを催す時などに、最後の印象を良くすれば全体の評価を高められるでしょう。お試しください。

今回のまとめ

最後の印象を良くすれば好印象が得られる。

第4章
毎日の暮らしの行動経済学

人にやる気を出させる方法…？

スタンプカード

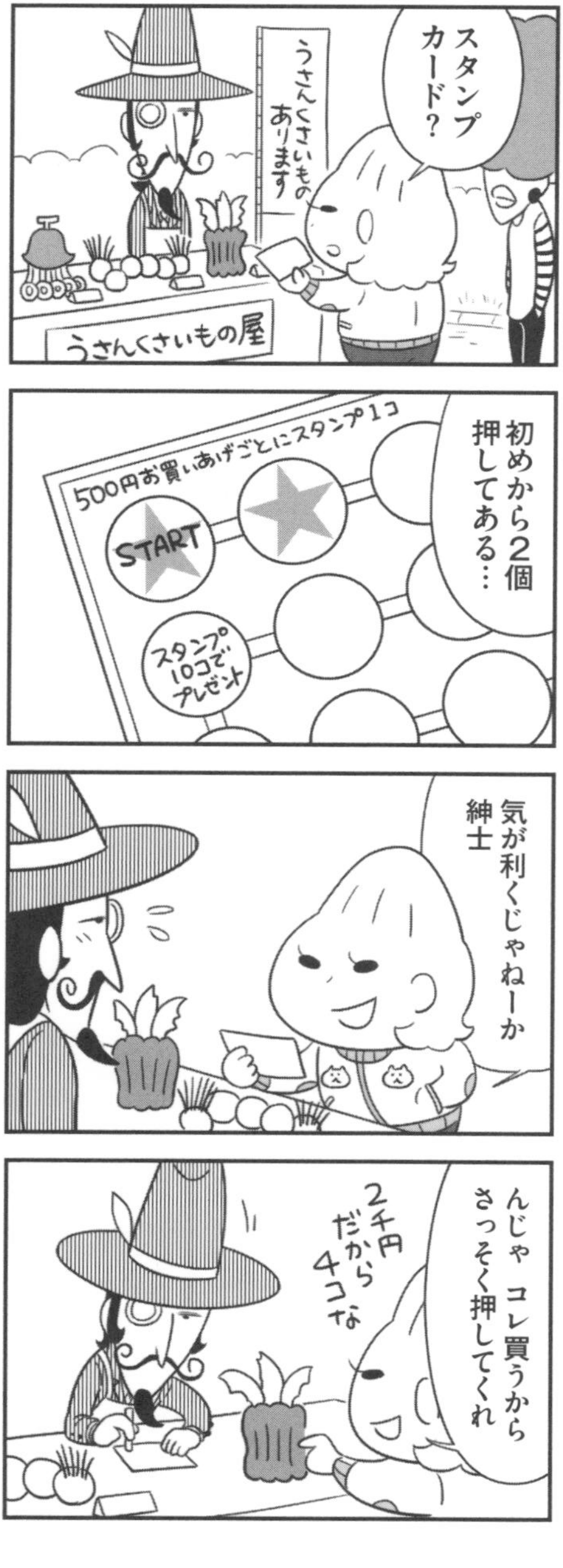

スタンプカード？
うさんくさいものあります
うさんくさいもの屋
初めから2個押してある…
500円お買いあげごとにスタンプ1コ
START
スタンプ10コでプレゼント
気が利くじゃねーか紳士
んじゃ コレ買うからさっそく押してくれ
2千円だから4コな

エンダウド・プログレス効果

ゴールに向けて少しでも進んでいると感じると、進め続けたくなる。

「エンダウド・プログレス効果」は前向きな行動を生むものです。自ら自分自身のために活用できると良いですね。

すごろくかよ
紳士にタピオカおごる
ちくしょー待ってろ
律儀なやつ…
ダッ
買ってきたぜ
なに？
お礼に1個押してくれんの？
もおおおおお
紳士にフライドポテトおごる

少し進めばどんどん進みたくなる

入力画面が進んでいると

ネットショップで会員登録せずに買い物をし、後日、再び同じショップで買い物をする状況を思い浮かべてください。何度も買う機会があるなら会員登録しようと考えます。最初から登録すればよかった……などと思いながら、住所、氏名などを打ち込んでいきます。その時に1回目の買い物時に記入した項目が、あらかじめ入力済みとして表示されていたらどう思いますか？面倒が省けたと感じることでしょう。そして、途中でやめずに登録を進められるのではないでしょうか。

このケースで働いているのは、「エンダウド・プログレス効果」です。これは、**ゴールに向かって若干前進したと感じるとモチベーションが高まり、進み続けたくなる**心理です。エンダウドとは「与えられた」、プログレスは「進捗」を意味します。

洗車場の「スタンプカード」を用いた実験で、この心理が証明されています。来店した客300人を対象として、半分のAグループには「8個のスタンプを貯めるカー

ド」を渡し、残りのBグループには「10個のスタンプを貯めるカードで、あらかじめ2個のスタンプが押されたもの」を渡しました。ともに1回の洗車でスタンプが1個もらえ、全部埋まると洗車1回分が無料になります。

8個のスタンプを貯めれば良いという条件は同じですが、完了したのはAグループが19%、Bグループが34%でした。初めから2個のスタンプが貯まっていたBグループのほうが、完了への意欲が湧き、最後までスタンプを貯めた人が多かったのです。

明日のためにできること

この心理は、意識的に活用することも可能です。例えば、何日もかかる仕事のやる気が続かない、日々の語学学習などをサボりがち、といったケースです。そんな時は、一日の仕事や学習の終了後、1分間でもよいので次の内容をざっと眺めておくのです。すると翌日、ゼロから始めるより取り組みやすいと思えるはずです。自分自身の心理を知れば自らの意欲を湧かせることは可能なのです。

今回のまとめ

少しの予習で翌日の意欲が違う。

まとめ 4

人の不合理な判断のパターンを知っておくことのメリット

　人の記憶はあいまいなので、過去の物事に対して誤った評価をすることがあります。適当に選んだ過去の体験をもとにくだした判断なのに、それが正しいと思い込みます。典型的な例としては、過去の経験を最高の時（ピーク）と終わった時（エンド）の印象だけで判断する「ピークエンド効果」、自分が簡単に思い出せる記憶をもとに判断をくだす「利用可能性ヒューリスティック」があります。

　人は未来に関する見込みにおいても誤りを犯します。結婚後の未来はつらいものと不安になってしまうのが「マリッジブルー」です。遠い先の物事は本質を見て、近い物事は表面を見る「解釈レベル理論」が原因です。この他「ネットオークション」で高すぎる金額で競り落とすことがあります。将来の後悔を嫌がるあまりに、かえって損をしてしまう「後悔の回避」によるものです。

　正確に未来を予測できないパターンはさまざまです。しかしこれは悪いこととは限りません。未来を楽観的に誤解することで前向きな行動を取れるケースもあるからです。少しの進歩を感じると進みたい気持ちが高まる「エンダウド・プログレス効果」を働かせれば、仕事や勉強を積極的に取り組めるようになります。

　不合理な判断のパターンについて知っておくことは大切です。その理由は二つあります。一つは、これによって不合理な判断を避けることが可能になるからです。もう一つの理由は不合理さを逆に利用して、自分や周囲をより良い行動をするように誘導することもできるためです。

入札がありました
現在価格　700円
ぬ…

パァア…
ありがとーございましたー

第5章

ここにもあった行動経済学

行動経済学によって、
社会全体をより良く
することができる

BGMのテンポを変えると…？

キビキビと

新商品の売り込み？
悪いけど今日は大掃除で忙しいんス
ホラーおまえらキビキビ動かんかいっ
はーい
こんな時こそわが社の新商品「動きキビキビBGM」
テンポの速い音楽を流すことで
動きキビキビBGM
チャカチャーン
チャカチャカチャーン
作業がスピードアップするのです
おっ
チャカチャカ
チャカチャカ
チャカチャカ
チャカチャカ

プライミング効果

事前の情報が無意識に働きかけて、
その後の行動に影響する。

さらにテンポアップ
カチ
チャカチャカチャカチャカ
ギャーー!?
島田ァ
ズベシャア
ガッ
ああっ島ちゃんがっ
続いては地獄の最速モード…
ヒヒ
どーなっちゃうのカナ～…
ドキドキ
止めろォオオオオ
チャカチャカチャカチャカ

ここまで極端ではなくても、BGMなど周りからの刺激は行動に影響します。こうした不合理な行動には多くのパターンがあるのです。

BGMのテンポに合わせて歩いてしまう

事前の情報に影響を受ける

一つ試していただきたい実験があります。周りの人に「自動車、船、電車」などを思い浮かべてもらいます。その後に何か「空を飛ぶもの」をあげてもらいます。すると「鳥」ではなく「飛行機」という回答が多くなりがちです。交通機関をイメージした後では、動物ではなく機械を思いつくのです。これは「プライミング効果」の影響です。**事前の情報が無意識に働きかけ、その後の判断や行動に影響する**のです。

スーパーなどで流れる**BGMをテンポの速い音楽にすると、来店客の歩くスピードも速くなる**傾向があります。これもまた「プライミング効果」によるものです。

予防接種やがん検診でも

米国の心理学者ジョン・バルフはこれを証明する実験を行っています。大学生を複数のグループに分けて、教室で決まった単語を使って文を作ってもらいました。グループの一つでは「しわ、忘れっぽい、孤

独、白髪、杖」などの単語です。文を作った後、全ての学生に移動してもらいました。そこで歩く速さを測ると、老人に関する単語で文を作ったグループのほうがゆっくり歩くという結果が出ました。

またこの心理を有効に活用するための実験も行われました。2グループの大学生に対して「病気のリスクと予防接種の大切さ」について話します。その後、一方のグループの学生には、予防接種会場の地図を見て行き方を確かめてもらった後、自分のスケジュールを確認して行ける日を決めてもらいました（予約はしません）。すると、講演だけのグループで実際に接種を受けた人は3％にとどまり、予定を確認したグループは28％でした。日時や場所を意識したことが、その後の予防接種に行くという行動を促したのです。

日本の厚生労働省もがん検診の受診を促すために、この実験と同じような方法を取り入れています。人間心理を知れば人の行動を誘導できることが知られ始めています。そして現実社会のさまざまな場面で活用されているのです。

今回のまとめ

情報を意識させて行動を誘導することが可能。

保険に入る必要って…？

損害賠償保険

昨日さー
新しいスマホに替えたんだけど
「故障の確率は1％ほどですが千円で損害賠償保険に入るともしもの場合は新品と交換できます」
―って言われてさ
結局千円払ったんだけど…
本当に保険入る必要あったのかな～って
そういうのずっとモヤモヤするよね
う～ん…
そんな保険入る必要なかっただろ
99％なにも起こらないんだぜ？

保険文脈

「保険」という言葉で、お金を払うことに抵抗がなくなる。

だいたいこういうのはなァ気の持ちようなんだよ！
「なにも起こらない！自分は大丈夫！」って強く思ってりゃ大丈夫なもんだぜ
さすが!!
かっこいい
ウチのあたりが騒がしいな
どうしたよ母ちゃん
いっ…家に隕石が落ちてきた！
は？
ナ〜
こういうのだけ当たるんだよな〜
すげー確率…
シュウ〜
アンタの部屋直撃よッ
ヤベッ保険入ってたかしら

よく考えずに入るだけでなく、「保険」に入ったことさえ忘れてしまう人が多いです。注意してください。

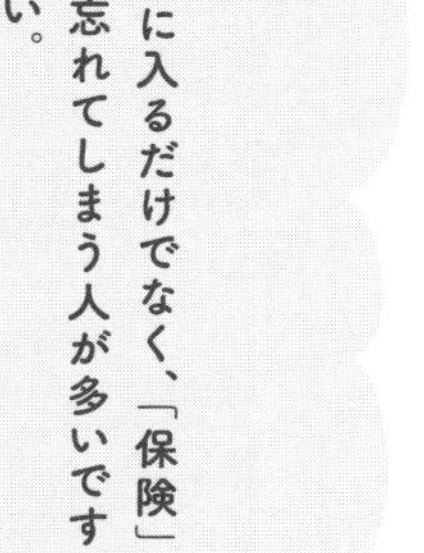

なぜか日本人は保険が好き

どちらを選ぶ？

保険は好きですか？　と聞かれて、好きと答える人は少ないかもしれません。ですが保険を掛けるかどうか実際に選ぶ場面では、保険を掛けたくなってしまいます。

次の（A）（B）で、どちらを選ぶか考えてみてください。

（A）100％の可能性で千円を失う。

（B）1％の可能性で10万円を失うが、99％の可能性で何の損失も出ない。

実験の結果は（B）が多くなります。損する確率が100％の（A）を避け、損の確率が1％の（B）を選ぶのです。

次にこの選択の表現を変えます。

10万円のパソコンを買ったとします。それは1％の確率で故障して使えなくなりますが、千円で保険に入ると、万一の時は新品に替えてもらえます。次のどちらを選びますか。

（C）保険を掛ける。

（D）保険を掛けない。

この質問をすると（C）が多くなります。

ところが、二つの質問で（A）と（C）

は単純に1000円支払う点で同じです。また（B）と（D）は確率1％で起きる10万円の損失を被らないことを期待して、1000円の出費を避ける点で同じ意味です。

つまり同じ意味の質問でも表現の仕方で1000円の支払いを避けるか、受け入れるかの判断が変わるのです。

理由は（C）と（D）に**「保険」という言葉が入っていること**です。**保険を掛けるとなると、お金を払うことに抵抗がなくなります。**行動経済学においてこの心理は「保険文脈」と呼ばれています。

これは確率が100％であることを重視する「確実性効果」と関わります。人はわずか1％のリスクでも避けようとします。保険で100％補償されるなら、そのためにかかるコスト（＝保険の掛け金）の高さなど考えなくなってしまうのです。

日本人は他国と比べて必要以上に保険に入りがちだと言われています。単純に保険に入れば安心だからと加入してはいけません。掛け金と補償額のバランス、保険ではなく自己資金でまかなう可能性なども考えるべきなのです。

今回のまとめ

保険に入るか入らないか、よく考えよう。

第5章

ここにもあった行動経済学

じつは自分ってすごいかも…？

紳士の才能

??
??
また外したァア
おっ 紳士当たってる
なにィ
紳士 競馬の才能あんじゃね？
クソっ 次だ次っ
競馬神誕生!!
全予想的中

コントロール幻想、ダニング＝クルーガー効果

自分の力が及ばないところについても、コントロールできると思い込む。

競馬のみならず災害予想も的中
全知全能
救世主登場
よっしゃ的中ウウ
ハッ
スッゲェ〜アタシド天才!?
競馬の才能ありまくりじゃね!?
競馬の神ここに爆誕!!
いやトータルでいくら負けたよ
愚かだぜ

自信過剰は危険です。ただ「自信不足」も無気力や弱気につながります。根拠ある自信を正しく持つことが大切なのです。

自分はすごい！と思い込む

自分は本当にすごいのか

過去に、初めて挑戦したスポーツなのに上手にプレーできたとか、投資を試したらうまく利益が出た経験はありませんか？

原因はあなたの才能かもしれませんが、「ダニング＝クルーガー効果」に影響された可能性もあります。これは**人が自分の能力不足に気づかず、実際よりも高く自身を評価してしまう傾向**です。特に初心者など、能力の低い人ほどこの影響を受けやすいと言われています。知識や経験が少ないので

自分の能力が低いことや、自分より優れた人がいることに気づかないためです。

自分で選べば当たる？

「ダニング＝クルーガー効果」は人の自信過剰に関する心理です。似た心理に「コントロール幻想」があります。**これは自分の力が及ばない事柄についても、自分でコントロールすることができる、または影響を与えられると思い込むもの**です。大切な日に晴れた経験が重なって、自分の願いどお

りの天気になると思い込む「晴れ男（女）」も、この心理によるものです。決まった番号を渡されて後から当選したか知らされる「くじ」より、自分で削って結果を出す「スクラッチカード」のほうが、なんとなく当たる気がしませんか？ これも「コントロール幻想」の影響です。この心理は自分で選び関わる時に強く働くのです。

ただし自分でコントロールすることは、必ずしも悪いこととは限りません。老人ホームの入居者を2グループに分けて行った実験で、このことが証明されています。一方のグループは自室の家具の配置、娯楽映画を見る曜日などを自分たちで決め、他方は全て老人ホーム側が選びました。こうして一定期間過ごした後の調査では、自分で選んだグループの高齢者のほうが、自分は幸せで活動的だと感じていました。さらにそのグループは健康状態も良くなりました。自分でコントロールできることは気分や健康をより良くするのです。

自信過剰は良くありませんが、自信が不足しすぎるのも問題です。自分自身でバランスを取れるのが理想ですね。

今回のまとめ

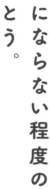

自信過剰にならない程度の自信を持とう。

第5章
ここにもあった行動経済学

自然にダイエットできる方法…？

お菓子をどこに

母ちゃんがよ
通算4万3千6百54回めのダイエットしててよ
多くない？
でもなんだかんだで菓子つまんでんだよな
通りすがりに糖分補給する母ちゃん
ひょいパク
かといって菓子を完全撤去するのもストレス溜まるだろうしな～
お菓子の横に果物置いてみたら？
果物を取るようになるかも
いや…果物食ったうえで菓子も食うのが見えるぜ
あ～…

ナッジ

意識せず良い行動を促す仕掛けや手法のこと。

良くない行動を変えるには罰を与えるほうが簡単です。だから、罰やごほうびなしで良い行動を促す「ナッジ」が注目されているのです。

お菓子を取りにくくするのは？
ちょっと障害があるだけで取らなくなったりするものよ
カバーかけたり戸棚にしまったり
なるほど
みかん
なにか甘いもの…
あったこんな所に…
ジャキ
ギエーー!?
シュッ
がんばれ母ちゃん
障害が大きすぎんのよ
どーすんのよこの床!?
ぐっ

知らないうちに良い方向へと導く

罰も報酬もなく行動を促す

行動経済学の研究によって、人間が不合理な行動を行う原因やパターンが明らかになりました。これを利用して、行動経済学を知らない多くの人の行動をも、より良くしようという動きがあります。ノーベル経済学賞を受賞したリチャード・セイラー教授が提唱した「ナッジ」の活用です。

これは**良くない選択を禁止したり罰を与えたりするものでなく、良い選択をした場合にもお金などの報酬を渡すこともなく、人々の良い行動を促す仕掛けです。**「ナッジ」は肘で軽くつつくという意味です。

例えば体重が増えたらダイエットをしたほうが良いのでしょうが、甘いものを我慢するのは難しいものです。かといって周囲の人が甘いものを禁止することもできません。こうした時に「ナッジ」が有効です。

ある企業ではカフェテリアで甘いお菓子を無料で提供していましたが、社員が食べすぎる傾向が現れました。それでも会社に対する不満が出るため、お菓子の提供をやめるわけにもいきません。だからといって、

放っておけば社員が病気になる可能性もあります。
そこで企業側は、お菓子の皿に透明のカバーをかぶせて、自然な形で取りにくくしました。代わりに体に良い果物のデザートを取りやすい場所に置きます。この他にも健康に良いものを多く食べるよう工夫しました。こうして、禁止や罰、報酬なしで健康状態が良くなるように社員の行動を誘導することができたのです。
この他、日本の会社で取り入れられている「給与天引き」も「ナッジ」と同じ考え方です。これはあらかじめ貯蓄分を引いた額を給料として支給する仕組みです。貯金をしたほうが良いことはわかっていても、給料として手にすると使うことを我慢するのは難しいものです。この仕組みによって社員は無理せずに貯蓄できますし、社員の経済状態が良くなり安心して働けることは会社の利益につながります。
「ナッジ」は、良いとわかっていてもできない行動を促すものであり、仕掛ける側と行動する人の双方にとって利益をもたらすものなのです。

今回のまとめ

勝手に良い方向に導いてくれるのは助かる。

第5章

ここにもあった行動経済学

知らずに貯金されている…？

毎月のお金

今月分のお金まだよ
早く入れてちょうだい
払うけどよ～高くね？
フン
そりゃアンタが大飯ぐらいだからよ
ぐぬぬ…
ったく
なこと言ってよ
ありゃ絶対ぼったくってんだぜ
大飯ぐらい
私も実家にお金入れてるけど親がその中から私のために貯金してくれてるみたいなんだよね

もしかしたら
お母さんも
そうなんじゃ
ない？
え…
そうか
母ちゃん…
アタシの
ために…
親の愛ね
いや…
思い出して
みろよ
子供の頃のお年玉
親が預かるって
持ってっただろ
あれ…
どうした？
ハッ

ナッジ

ナッジは社会全体をより良くすることが可能だが、注意も必要。

相手が気づかないように誘導するのが「ナッジ」です。仕掛ける側は私利私欲にとらわれず、相手や社会の利益を目指す心がけが必要です。

ナッジはより良い社会をつくる

地域の省エネに成功

「ナッジ」によって、**個人の健康や家計をより良くできる**ことがご理解いただけたと思います。従って「ナッジ」によって個人の集まりでできています。社会は個人の集まりでできています。従って**「ナッジ」によって個人にとどまらず社会全体をより良くすることも可能**です。

米国では「ナッジ」による省エネの試みが行われました。通常、各家庭に電力消費量を示す報告書が送られます。その際に近隣の家庭で使われた消費量も表示するという形で「ナッジ」を行いました。自分と比べて周りの家庭のほうが節電に取り組んでいることを知った人は、自分も同様に節電しなければと思いました。この結果、電力消費量を約2~3%削減できました。同じ試みは日本の北陸電力を利用する2万世帯に対しても行われ、1・2%の省エネを達成しました。これは240世帯分の電力消費量がゼロに削減されたのと同じ効果です。

通常は電力使用の禁止や制限で無理に節電させるのは不可能です。かといって「節電をこころがけましょう」といった標語な

どで効果をあげることは難しいでしょう。このような場面では「ナッジ」が有効なのです。

コントロールされる可能性

「ナッジ」は過去のコロナ禍の際にも活用されました。ある銀行ではロビーの椅子に人が並んで座らないように、その銀行のキャラクターである猫のぬいぐるみをところどころに置きました。禁止の紙を貼る方法もありましたが、ぬいぐるみを用いる「ナッジ」によって、精神的ストレスを与えることなくソーシャルディスタンスの確保を促すことができたのです。

このように**「ナッジ」は人をコントロールする力がある**ため、悪用される可能性もあります。例えば在庫があるのに「残りわずか」と表示するネット販売です。定価の近くにより高い値段を表示して、定価を値下げ後の価格と思わせる方法もあります。行動経済学は、こうした企みを見破る知識を与えてくれます。社会と個人の役に立つ、学ぶべき学問なのです。

今回のまとめ

行動経済学の知識は役立つ。

まとめ 5

「行動経済学」は人や社会の幸せにつながる学問

人は無意識のうちに、思いもよらないことに判断や行動を誘導されてしまいます。店のBGMのテンポの速さに、来店客が歩くスピードを合わせてしまう「プライミング効果」は典型例です。本人はそんなものにコントロールされているとは思いません。

それどころか人は自分自身が周りをコントロールできると思い込むのです。これは自分が影響を与えられないものに対してもコントロールできると考える「コントロール幻想」の影響です。「晴れ男（女）」と思い込む人が、その典型例です。

また、人は初めて取り組む物事に対しても「自分はうまくできる」と思ってしまいます。自分の能力不足に気づかない「ダニング＝クルーガー効果」の影響です。

もしかすると、人は本来自由で、万能な存在でありたいのかもしれません。ですから誰かから何かを強いられることは精神に悪い影響を及ぼします。このことは「コントロール幻想」に関する老人ホームでの実験で証明されています。他人に強制されず自分たちで物事を決められる老人ほど幸せを感じ、健康で長生きしたのです。

こうした人間心理をふまえて考えられたのが「ナッジ」です。これは禁止や罰を与えて行動を止めることなく、またお金などの報酬で行動させることもなく、良い行動をするよう促す仕掛けのことです。強制力で行動させるのでなく自由意思を尊重する考え方です。実際に、健康や貯金など個人に有益な行動、節電など社会的に好ましい行動を促すために活用されています。

人間心理を把握する行動経済学は人や社会の幸せにつながる学問なのです。

私も実家にお金入れてるけど
親がその中から私のために貯金してくれてるみたいなんだよね

著者 **橋本之克**

マーケティング＆ブランディング コンサルタント。文教大学、戸板女子短大で非常勤講師。大手広告会社、日本総合研究所を経てアサツーディ・ケイで多様な企業の顧客獲得に携わる。2019年独立。行動経済学のビジネス活用コンサルティング、講演や執筆を幅広く行う。
連絡先：hasimotoyukikatu@gmail.com

まんが **まずりん**

漫画家・イラストレーター・デザイナー。独自の感性のコミックなどで多くの支持を集める。主な著書に『独身OLのすべて』『そねみん そねみの森のなかまたち』『マヌ子ママのいきもの語り』『イタジョ！』『デザイナー哀の劇場』などがある。

ちっ
外したぜ
第3レースで 5千円 勝ったのに
5000
あ〜 ツイて ねーなぁ
んなこたぁ ないだろ
人ってさあ…
得
ズン…
損
得の喜びより 損の悲しみを大きく 感じるって聞いたぞ
だからこんなに くやしいのか…
じゃあよ…
他人の得した話は 聞きたくないけど 他人が損した話は めっちゃ聞きたいし 愉しいだろ
性格が悪い
金額のプラス マイナスは ゼロだろ
そうだけど よ…
なんか 損した気持ちに なるんだよな

ブックデザイン　小口翔平＋畑中茜＋青山風音（tobufune）
校閲　桑原和雄、野口高峰（朝日新聞総合サービス出版校閲部）
編集デスク　竹内良介
編集　中原崇

おもな参考文献

『ミクロ・マクロの前に 今さら聞けない 行動経済学の超基本』
橋本之克著　朝日新聞出版
『9割の人間は行動経済学のカモである ―非合理な心をつかみ、合理的に顧客を動かす』橋本之克著　経済界
『世界最先端の研究が教える新事実 行動経済学BEST100』
橋本之克著　総合法令出版

ざっくりわかる
8コマ行動経済学

2024年7月30日　第1刷発行

著者	橋本之克
まんが	まずりん
発行者	片桐圭子
発行所	朝日新聞出版
	〒104-8011
	東京都中央区築地5-3-2
電話	03-5541-8833（編集）
	03-5540-7793（販売）
印刷所	大日本印刷株式会社

ISBN 978-4-02-332338-4